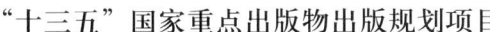

"十三五"国家重点出版物出版规划项目

生态文明建设卷

绿色制造：
中国制造业未来崛起之路

GREEN MANUFACTURING:
A PROMISING FUTURE FOR THE
MANUFACTURING INDUSTRY OF CHINA

赵建军 著

中国财经出版传媒集团
经济科学出版社
Economic Science Press

图书在版编目（CIP）数据

绿色制造：中国制造业未来崛起之路/赵建军著.
—北京：经济科学出版社，2017.9
（中国道路·生态文明建设卷）
ISBN 978 - 7 - 5141 - 8445 - 7

Ⅰ. ①绿⋯ Ⅱ. ①赵⋯ Ⅲ. ①制造工业 - 产业
发展 - 研究 - 中国 Ⅳ. ①F426. 4

中国版本图书馆 CIP 数据核字（2017）第 229839 号

责任编辑：李　雪
责任校对：刘　昕
责任印制：李　鹏

绿色制造：中国制造业未来崛起之路
赵建军　著
经济科学出版社出版、发行　新华书店经销
社址：北京市海淀区阜成路甲 28 号　邮编：100142
总编部电话：010 - 88191217　发行部电话：010 - 88191522
网址：www. esp. com. cn
电子邮件：esp@ esp. com. cn
天猫网店：经济科学出版社旗舰店
网址：http：//jjkxcbs. tmall. com
北京季蜂印刷有限公司印装
710 × 1000　16 开　14 印张　180000 字
2017 年 9 月第 1 版　2017 年 9 月第 1 次印刷
ISBN 978 - 7 - 5141 - 8445 - 7　定价：42. 00 元
（图书出现印装问题，本社负责调换。电话：010 - 88191510）
（版权所有　侵权必究　举报电话：010 - 88191586
电子邮箱：dbts@ esp. com. cn）

《中国道路》丛书编委会

顾　　　问：魏礼群　马建堂　许宏才

总　主　编：顾海良

编委会成员：（按姓氏笔画为序）

马建堂　王天义　吕　政　向春玲

陈江生　季　明　季正聚　竺彩华

周法兴　赵建军　姜　辉　顾海良

高　飞　黄泰岩　魏礼群　魏海生

生态文明建设卷

主　　　编：赵建军

《中国道路》丛书审读委员会

总　　序

　　中国道路就是中国特色社会主义道路。习近平总书记指出，"中国特色社会主义这条道路来之不易，它是在改革开放三十多年的伟大实践中走出来的，是在中华人民共和国成立六十多年的持续探索中走出来的，是在对近代以来一百七十多年中华民族发展历程的深刻总结中走出来的，是在对中华民族五千多年悠久文明的传承中走出来的，具有深厚的历史渊源和广泛的现实基础"。

　　道路决定命运。中国道路是发展中国、富强中国之路，是一条实现中华民族伟大复兴中国梦的人间正道、康庄大道。要增强中国道路自信、理论自信、制度自信、文化自信，确保中国特色社会主义道路沿着正确方向胜利前进。《中国道路》丛书，就是以此为主旨，对中国道路的实践、成就和经验，以及历史、现实与未来，分卷分册作出全景式展示。

　　丛书按主题分作十卷百册。十卷的主题分别为：经济建设、政治建设、文化建设、社会建设、生态文明建设、国防与军队建设、外交与国际战略、党的领导和建设、马克思主义中国化、世界对中国道路评价。每卷按分卷主题的具体内容分为若干册，各册对实践探索、改革历程、发展成效、经验总结、理论创新等方面问题作出阐释。在阐释中，以改革开放近40年伟大实践为主要内容，结合新中国成立60多年的持续探索，对中华民族近代以来发展历程以及悠久文明传承进行总结，既有强烈的时代感，又有深刻的历史感召力和面向未来的震撼力。

丛书整体策划，分卷作业。在写作风格上注重历史与现实、理论与实践、国内与国际结合，注重对中国道路的实践与经验、过程与理论作出求实、求真、求新的阐释，注重对中国道路作出富有特色的、令人信服的国际表达，注重对中国道路为发展中国家走向现代化和为解决人类问题所贡献的"中国智慧"和"中国方案"的阐释。

在新中国成立特别是改革开放以来我国发展取得重大成就的基础上，近代以来久经磨难的中华民族实现了从站起来、富起来到强起来的历史性飞跃，中国特色社会主义焕发出强大生机活力并进入了新的发展阶段，中国特色社会主义道路不断拓展并处在新的历史起点。在这新的发展阶段和新的历史起点上，中国财经出版传媒集团经济科学出版社精心策划、组织编写《中国道路》丛书有着更为显著的、重要的理论意义和现实意义。

《中国道路》丛书2015年策划启动，首批于2017年推出，其余各册将于2018年、2019年陆续推出。丛书列入"十三五"国家重点出版物出版规划、国家主题出版重点出版物、项目和"90种迎接党的十九大精品出版选题"。

《中国道路》丛书编委会
2017年9月

前　言

　　工业文明发轫于工业革命。工业革命时期人的理性觉醒，人类对自然科学规律的认识进一步得到加深，科学和技术有了巨大的飞跃。从天上地下力的关系，到生物之间的进化，再到人类社会精神文化的各种科学都得到了长足的进步。工业革命只是人类数万年进化史与数千年文明史上的一个短暂瞬间，而就在这200多年的时间里，人类的物质生活、行为方式、伦理观念、组织制度都发生了深刻变化。可以说，正是人类经历了工业革命的洗礼，才真正的成长与成熟。工业革命决定了从今以后人类的生存、生产与生活，影响了整个社会的前途与命运。从此，人类文明的历史正式步入工业文明的篇章。

　　工业文明带来了人的巨大解放，人类凭借工业发展的高歌猛进，在自然面前改变了依附、依赖的状况，自然科学与社会科学知识的发展也使得人类的思想更为自由。科学与技术在这段时间的累进与飞跃在人的思想深处、在社会生活之间或者是人与自然的相处模式上，都形成了一种机械的模式。社会的运转被看作一台巨大的机器，每个社会组织都被视为基本的功能结构部件，人也被看作最为精密的机器，自然界被看作为人类机器生产有待开发的资源，最具创造力的掌握一定知识与技术的群体也被看作人力资源。人类社会工业化的进程更是加强了人类形成了以二元对立的机械思维为代表的工业文明，一台巨大的机器在宇宙之间轰隆开起。"知识就是力量"在科学与权力之间形成了一种密切的关联，凭借知识带来的技术革新，工业社会中的资本主义生产方式，创造了人类社会有史以来最具丰富的物质成就。其中，制造业的发展是工业文明辉煌的一个重要原因。

制造业集中体现了工业的本质，以制造业的发展为基础和核心，形成了人类在工业革命之后的文明现象，在某种程度上说，制造文明成就了工业文明。制造业不仅创造了巨大的物质财富，而且孕育了科学理性、分工协作、标准生产和组织管理等各种现代文明现象。而此时的制造是一种机械的制造，人与自然二元对立的机械加工、机械制造、机械废弃。资源、环境和制造业对于人类来说是同等重要的，其中任何一方出现问题都可能带来严重的问题。第二次世界大战之后，全球经济步入了前所未有的高速发展时期，制造业在类创造了大量的物质财富的同时，也带来了资源的过度开发与消耗、污染物的大量排放及生态环境的破坏，在资源、环境和制造之间产生了极大的矛盾，暴露了传统工业发展所存在的种种弊端，所以亟待解决制造业所带来的负面问题。由此也致使工业文明陷入了越发严重的发展困境。

工业文明发展带来的负面影响要求人类要放弃近代以来形成的经济生产和社会交往方式，一种人与自然和谐共生的绿色理念开始广泛影响经济社会的各个领域。作为一种综合考虑资源消耗和环境影响的现代模式，绿色制造便应运而生。1996 年，美国制造工程学会（Society of Manufacturing Engineers，SME）发布蓝皮书，正式提出绿色制造（Green Manufacturing，GM）的概念。绿色制造研究的目的是在企业得到应用和实施，最终实现整个行业的绿色转型，取得经济效益、社会效益与环境效益的三方共赢。

我国的制造业还保持着门类齐全和规模庞大的特征，"产能过剩"成为中国制造业技术基础不坚实，精致性、生态性差的一个重要反映。2014 年，我国具有世界第一的钢产量，而每年还要大量进口各种规格的特种性能钢材，且进出口钢材每吨的差价高达 463 美元。同时，在自产钢材的成本消耗与环境污染方面，我们也付出了高昂的代价。可见通过传统的制造方式，中国无法成为世界制造强国，而且也会将自身的资源和环境消耗殆尽。要实现制造业的可持续发展，就必须完成从原来的资源消耗型、技术支撑型向生态友好型转向，这种转向对于整个经济增长方式的改变也是一条可行且必需的途径。

全面推行绿色制造是建设生态文明的必由之路，也是参与国际竞争、提高竞争力的必然选择。在我国生态文明建设的大背景下，《中国制造 2025》中规划了绿色制造的发展路线，提出以创新理念作为发展动力、以质量优先作为发展根本、以绿色方针作为发展要求、以产业调整优化作为发展方式、以人的全面发展为目标的基本方针，强调通过坚持走可持续发展之路来建设制造强国，实现生态文明。与此同时，加大绿色制造工程的推广力度，重视其作为五大重点工程的意义，健全绿色制造的发展机制，使绿色制造体系高效化、清洁化、低碳化、循环化。

路漫漫其修远兮。制造业的发展从来都是一个累进发展的过程，既要有技术的创新、还要有匠艺的积累，还需受到理念和文化的浸润。从整体上来看，中国的制造业水平为中等偏下，生产过程能耗大，劳动力成本也不再占优，再加上现在中国经济发展速度增快，下行压力较大，中国的绿色制造前路漫漫，要善于抓住世界经济社会发展的重要战略机遇，统筹利用两种资源、两个市场，迫切需要加快制造业绿色发展，结合自身的制度与技术优势，走好中国制造产业绿色发展的自强之路。

赵建军

2017 年 8 月

目　录

第一章

中国绿色制造业的兴起

制造是人类生生不息的永动机，正是借助制造的力量，人类才得以从自然界中进化而来。蒸汽机发明之后，近代工业化大生产的序幕被拉开，制造业开启了一个新纪元，生产实现了从手工工具时代转向机械化大生产时代。因此，制造业是国家生产力的反映方式，是决定发达国家和发展中国家定义的分水岭。现代制造业面临的一个主要问题是：制造业因排放污染而声名狼藉。由于环境保护日益成为关系人类未来生死攸关的大问题，所以各行各业都面临着变革，制造业首当其冲。绿色制造正是在人们激烈讨论工业时代的终结和我们的思想、生活和行为方式转变的大背景下应运而生的，并且它也与我们创造一个繁荣昌盛的世界和真正和谐的未来是紧密相连的。

一、制造业发展的绿色走向

资源、环境和制造业对于人类来说是同等重要的，其中任何一方出现问题都可能带来严重的问题。自第二次世界大战之后，世界各国都进入休养生息的发展阶段，全球经济步入了前所未有的高速发展时期，制造业一方面为人类创造了大量的物质财富，极大地推进了人类文明的进步；但另一方面，也带来了资源的过度开发和浪费、污染物的大量排放及生态环境的破坏，从而导致全球性的资源短缺、环境污染和生态系统失衡，并且给人类自身带来了生存和发展的威胁，在资源、环境和制造之间产生了极大的矛盾，暴露了传统工业发展所存在的种种弊端，因此亟待解决制造业所带来的负面问题。

（一）传统制造业的弊端

当今世界仍面临着新挑战，具体表现在：全球温度上升控制在 2℃ 阈值之内面临巨大挑战；世界资源短缺风险日益凸显，实现资源消耗 "零增长" 目标任重道远；全球环境污染程度持续加重，仍处于环境与发展的 "两难" 境地；全球生态服务功能持续下降，"生态赤字" 加速上升。

传统制造业过于依靠能源、资源、原材料的开采利用，且讲求用数量换效益，这种生产方式投入虽高、产出却低。《世界资源报告》（1996～1997 年）中指出：1950～1997 年，全世界制造业与服务业的产值增长了近 5 倍，但与此同时，全球木材使用量增加了 8 倍，纸张消耗增加了 6 倍，矿物燃料增加了 5.5 倍。[①] 从中国的具体情况看，工业的能源消耗占总能耗的 70% 多。2012 年我国一次能源总消耗折合 36.2 亿吨标准煤，约占世界总能耗的 21.3%，但却只创造了全世界 11.6% 的 GDP，单位 GDP 能耗是国际水平的 2 倍，是美国的 4 倍。由于资源的压力，资源依赖型的制造业模式注定是不可持续的，中国的制造业必须要转变观念、革新技术、走节能降耗的新道路。长期以来，中国制造业沿袭了几十年的低端、组装、代工（OEM）、重复投资、产能过剩的路径选择，一方面所带来的弊端不但无法消除，反而越发严重；另一方面导致企业缺乏技术创新，产品难以与世界先进制

---

① 席俊杰等：《从传统生产到绿色制造及循环经济》，载于《中国科技论坛》，2005 年第 9 期，第 95 页。

造企业竞争，最终势必影响整体国家经济的长期发展。

在传统的工业制造模式下，产品的生产被作为主要的关注目标，一般只从经济效益的角度去实施制造过程，在产品设计时主要考虑产品的功能与品质，而往往忽视工业排放和资源短缺、环境破坏等问题。据统计，制造业排放的污染物占全球总量的70%，每年约产生55亿吨无害废物和7亿吨有害废物。① "在国民经济运行中，社会需要的最终产品仅占原材料用量的20%～30%，而70%～80%的资源最终成为进入环境的废物，造成环境污染与生态破坏。"② 传统的制造业一般采用"末端治理"的方式来解决生产中产生的废水、废气和固体废弃物的环境污染问题，但用这种方法无法从根本上解决制造业及其产品产生的环境污染，而且投资大、运行成本高，进一步消耗了资源。因此，如何尽我们所能，将节约资源及其妥善利用做到最好，并尽量少地排放有害物质，保护生态环境，已成为各国政府、企业和学术界普遍关注的热点问题之一，建立一个可持续发展的社会正在成为21世纪世界各国社会改革浪潮中的一个重要主题。自20世纪90年代以来，绿色制造技术在可持续发展和绿色浪潮思想的推动下迅速崛起，并在发达国家得到广泛的应用。

另外，即便是最近几年的新兴产业，也有可能陷入传统制造业的老路中。据报道，我国机器人企业已经超过2000家，而且还在走扩大产能、进口核心零部件搞组装的老路。其他的一些产业，如智能制造、生物医学工程、新能源等，由于各地区竞相布局，高价引进国外设备、零部件，或以市场换技术，等到具备相应技术和能力后，又可能出现产能过剩，低价向国外出售，引来国外的反倾销。由此可见，有些新兴产业与传统制造业并没有本

---

① 李文斌等：《先进制造技术》，华中科技大学出版社2014年版，第216页。
② 任小中：《先进制造工艺（第二版）》，华中理工大学出版社2013年版，第123页。

质区别，仍局限在组装、加工制造等低附加值环节，处于价值链的弱势位置上，而且继续付出资源消耗和环境污染的沉重代价。例如光伏产业的环保节能决定了它必然是新兴产业，但是由于没有统一的能耗、占地和环保标准，我国多数多晶硅生产企业在成本、质量等方面很难与国外企业竞争。美国投资机构 MaximGroup 的报告中指出，中国规模排行前十的光伏企业已经债台高筑，数额甚至达到 175 亿美元，约合 1 110 亿元人民币，我国光伏产业濒临破产。

从总体来看，虽然中国已经是制造大国，但是中国的制造业是"大而不强"，与制造强国相比仍有很大差距，存在很多问题，其中最根本的问题是要改变传统的以劳动密集型，资源、能源消耗大，甚至以牺牲环境为代价的制造业发展模式，要重塑中国制造业的核心竞争优势，走出一条智能转型、绿色发展的道路，从而实现由低成本竞争优势向质量效益竞争优势转变，由高耗能、高污染的粗放型发展向绿色发展转变。

（二）绿色制造的兴起

有关绿色制造的研究最早可以追溯到 20 世纪 80 年代，但是直到 1996 年，才由美国制造工程师学会（SME）完整地给出了其定义、含义及内容，上述表达收录在 SME 的蓝皮书 *Green Manufacturing*（《绿色制造》）中。1998 年 SME 又通过网络发表了对绿色发展未来预测的报告。密歇根州立大学绿色制造团队的学术带头人是史蒂文·梅尔尼克（Steven A. Melnyk）教授，他早在1996 年与理查德·史密斯（Richard T. Smith）合作完成了 SME的《绿色制造》。他长期从事绿色制造方面的研究，主要研究方向包括：绿色供应链管理、绿色 MRP、环境负责制造与全面质量管理、环境管理系统与 ISO14000 等。

美国加州大学伯克利分校专门建立组织团体研究与资源环境保护结合的设计及制造行业，并且开发了互联网门户网站

Greenmfg 用于对绿色制造的系统性了解与查询。美国 AT&T 公司也在企业技术学报上发表了不少关于绿色制造的研究论文。国际生产工程学会（International Institution for Production Engineering Research，CIRP）近年发表了不少关于环境意识制造和多生命周期工程的研究论文。美国国家科学基金会 1999 年资助课题报告会上的报告中有十多项与绿色制造相关的研究课题。而且在此次大会上，美国科学基金会设计与制造学部主任马丁·维加（Martin Vega）博士在大会主题报告中指出了未来制造业在 2000 年面临的六大挑战性问题，其中环境兼容性问题就与绿色制造紧密相关；随后，他提出的未来"十大关键技术"中，"废弃物最小化加工工艺"也可以归入到绿色制造技术中。纽约大学有一项专注于全球绿色发展与环境保护的项目，提出"绿色化"是企业在认识、思维和行动上对环境发展和保护所作出的改变，而一个企业的绿色化也是可以计算的，只需将上述三个因素围出的三角形进行面积计算即可。

欧洲也有许多研究团队持续对绿色制造进行了深入的研究。如剑桥大学的可持续制造研究团队，团队致力于研究开发无温室气体排放、避免使用不可再生原料和减少废物产生的材料转换技术。研究领域包括：先进的绿色工艺、纸回收、聚合塑料的回收、废旧纺织品的回收、可持续生产的知识管理和技术管理、逆向物流供应链等方面。德国的斯图加特大学生命周期工程学院也开展了多项与绿色制造相关的研究。其研究内容包括：生命周期评价及生命周期工程、面向环境的设计、环境管理、生命周期工作环境等。从 1992 年开始，根据客户导向，他们与 PE Europe GmbH 公司合作开发了 Gabi 软件系统及数据库，主要用于产品生命周期评价，已广泛应用于全球汽车、化学、金属、电子、能源等行业。[①]

近年来，随着国际标准化组织（International Organization for Standardization，ISO）制定的环境管理 ISO14000 系列标准，如 14001、14040 等后，极大地推动了绿色制造相关领域的研究和发展。ISO14000 系列标准归根结底是一套理想的管理性质的标准，而且也是树立企业形象、使企业能够进入国际市场的"绿色通行证"。它是工业发达国家环境管理经验的结晶，在制定国家标准时又考虑到了不同国家的情况，尽量使标准能普遍适用。因而对于全世界的工商业、政府组织等不同行业的环境保护都有推动作用，同时也对促进绿色制造的发展有着决定性的影响。

中国在最近的几年里也同样注重绿色制造，很多大学和科研院所开展了这方面的研究。国家"863 计划"和国家自然科学基金也跟进了很多这一方向的研究，促使绿色制造的研究进程大大迈进。国家"863 项目"中，一个从事信息发布和资源共享的专业现代集成制造系统网络 CIMSNET 专门把绿色制造当做重点研究项目之一，并实施跟进报道国内外最新的研究成果。《中国机械工程》杂志曾于 2000 年第 9 期出版了绿色制造专辑论文。1996 年 1 月，国家环保局创建下属华夏环境管理体系审核中心，负责业务包括国内对 ISO14000 系列标准的实行、培训和全球范围的交流，并建立了专门的网站：中国环境管理体系认证信息网。该环境管理体系标准引起了我国众多企业的高度重视，有很多家企业已经获得了 ISO14000 标准认证。

2004 年 11 月 3 日，中国工程院院长徐匡迪在世界工程师大会上指出，在当今的 21 世纪，中国要走可持续发展之路、要实现从传统工业化到新型工业化的转变，需要依靠的应是科学技术的发展，而不应以大量消耗资源、能源和污染环境为代价，工程

---

① 李聪波：《绿色制造运行模式及其实施方法研究》，重庆大学论文，2009 年，第 8~9 页。

科技应该走绿色制造的道路。①

　　根据国际经济专家的观点，现在所有产品中只有 5% ～10% 属于绿色制造出来的产品，10 年以后，所有产品将采取绿色设计，以保证其回收性、拆卸性及部分或整体的翻新及循环。换言之，今后的十年中，绿色产品将引领全球市场的发展。可以毫不夸张地说，绿色制造系统掀起的强大绿色浪潮，已经席卷全球各国的制造企业。

　　总的来看，以 ISO14000、EMAS、BS7750 等为代表的环境管理开始使企业不得不再次审视自己在发展过程中造成的环境污染，由此正视自己的问题并采取措施预先减少污染物排放，通过环境保护的方式提高自己的环保效益，以此获得企业的竞争优势。企业是否愿意主动采取环保措施，取决于它们这样做的成本、能够取得的利润，以及该措施是否可行。越来越多的国内外研究结果表明，企业优秀的环保能力可使其在市场中更具竞争性，比如先进的污染防治技术可以更有效地利用资源，从而降低成本，或者通过绿色制造显现其与竞争对手的差异化而取得高利润。正是因为有了这些有利因素，才使企业有动力转为绿色制造之路，也能进一步推动中国制造业的整体变革。

　　国内外对绿色制造所做的众多研究中，一方面集中研究对它的认识，如对绿色制造涉及的概念理论体系、技术组成、政策支持等方面进行战略性或者宏观上的认识；除此以外，还有一种就是对绿色设计、绿色材料、绿色生产过程、绿色包装、绿色处理等专题技术的研究也日渐深入；此外，对绿色制造的技术支撑系统、应用支撑系统，以及社会支撑系统等方面的研究也成为绿色制造的研究热点。

---

① 徐匡迪：《中国工程科技应推动实现"绿色制造"》，载于《人民日报》2004 年 11 月 4 日。

（三）绿色制造的发展趋势

当今世界各国已经将环境问题与发展问题紧密结合起来，强调没有对生态系统的保护，就没有未来人类的可持续发展。有相当多的国家已经通过实行"绿色计划"来致力于环保。例如，1991 年日本的"绿色行业计划"，加拿大政府的"绿色计划"，以及美国、英国、德国的绿色计划等。中国更是提出了"绿色发展"，它与创新发展、协调发展、开放发展、共享发展一起成为指导中国"十三五"时期发展甚至更为长远阶段的科学发展理念和发展方式。

1. 全球化。

绿色制造和全球化的联系将日益密切，更体现出全球化的特点和发展方向。

跨国公司在目前的全球经济行业中占据着重要位置。1998 年，联合国贸易和发展会议公布的统计数据显示：1997 年全球跨国公司数量为 4.5 万家，子公司的数量为 25 万家，平均下来每个公司在国外设立的子公司为 5.5 家。这些公司控制了世界生产总值的 40% ~ 50%，国际贸易的 50% ~ 60%，国际技术贸易的 60% ~ 70%，产品研究和开发的 80% ~ 90%，以及对外直接投资的 90%。其中，《财富》杂志每年给出的世界 500 强公司，以占全球跨国公司 1% 的数量占据着全球跨国公司 90% 的销售额。全球 500 强在他们独特的生产销售方式和与其他公司的密切往来上，都具备非常强的代表性。

在世界范围内较大的跨国公司中，制造业从生产的规模范围、销售的市场和所获取的利润来看，都扮演者不可替代的角色。1994 年，全球综合 500 强有约 230 家企业从事的领域是制造业，这一范围在之后的年份还在继续扩大。这一趋势可以很明显地从世界 500 强前 10 位的排名数据中观察到：1994 年前 10 名中有 4 个企业从事制造业，1995 年、1996 年数据都上升至 5 家，而 1998 年则有 6 家。这一数据继续保持着并且从 1996 年开始前 2 名的企业均为从事制造业的企业。同样的数据还来自美国《商业周刊》，据称 1999 年"全球前 1 000 名的公司里面，前 10 名中有 9 名都是直接从事制造业或者与制造业有紧密联系的，其中在美国的就有 7 家"。①

所谓绿色制造的全球化，主要表现在：国际贸易和国际投资带来的产业转移、全球范围内的公司合并、全球的设计和制造。绿色制造全球化的方式有：一是在本国生产出绿色产品，然后再将其向别国销售；二是在他国进行投资并建立基地，再将生产出来的绿色产品销售给其他国家或重新回本国销售。从世界各国的制造业发展可以看到：零部件的加工已经实现全球化。如一架波音 747 飞机总共包括的零部件有 450 万个左右，在将近 10 个国家中完成生产过程，共涉及 1 000 多家大企业和 15 000 多家小企业。而且这种趋势将越来越显著，绿色制造同样要朝着全球化的趋势进一步地发展。

2. 网络化。

在全球市场竞争日益残酷的前提下，必须将信息技术和计算机技术与制造业结合在一起，形成新的更为先进的绿色制造业。只有这样，才能快速响应市场，从而提高生产的效率和自动化水平，减少所需要的成本，更好地保护生态环境。可以说，绿色制造业除了在改变生产管理的方式和机制、进行科学技术创新及资产重组以外，还需要依托网络平台来增强其竞争力，这就是所谓的网络化。绿色制造的网络化，也就是以敏捷制造为主旨，利用互联网技术将企业之间动态地联系起来，使它们可以互惠、高效地合作。这种方式打破了原有研发、设计、生产及销售中的资源结构，使得企业可以反应更迅速，更有竞争优势，更有效合作及

---

① 倪义芳、吴晓波：《世界制造业全球化的现状与趋势及我国的对策》，载于《中国软科学》2001 年第 10 期，第 24～25 页。

共享资源，降低了提供商品及服务的成本，又保证了速度和质量。网络化为绿色制造企业带来变革和机遇，并可以取得一系列成果。

美国国际制造企业研究所的一项跨国虚拟企业网项目是基于美国国家科学基金成立的，旨在利用互联网让美国的制造厂商和俄罗斯制造业结合起来，并为全球的企业树立典范，该项目发表了《美国—俄罗斯虚拟企业网》研究报告。德国 Produktion 2000 框架方案的目的是成立全球化的产品设计与制造信息网络。欧盟"第五框架计划"将虚拟网络企业列入研究主题，其目标是为欧盟成员国中的企业提供信息共享。在此基础上"第六框架计划"（2002—2006 年）也意在吸取互联网技术的优势改善联盟内各个分散实体之间的集成和协作机制。总之，绿色制造需要在完善网络上下工夫，通过建立"互联网＋"的基础环境，才能提高制造资源的利用率、实现制造资源的共享、提高企业对市场的反应速度、增强制造业的国际竞争力。

3. 个性化。

个性化表面上看由于根据客户需求进行制造可能导致生产成本高或资源浪费，但是随着互联网背景下消费模式的转变，极大地促进了个性化消费，不仅需要改变销售方式，而且倒逼生产方式的转型。特别是随着 3D 打印技术的成熟，绿色制造将能实现生产工艺、流程、机构方面的迅速重组，同样能实现对市场需求的敏捷反应，为私人开发出适销对路的产品。另外，绿色制造还可以引入大数据分析平台，并用于收集、分析消费者的个性化需求，进行有针对性的产品开发，并通过各种互联网渠道实时了解消费者的个性化需求，这种趋势势必给绿色制造的发展提供机遇，也使个性化定制服务逐步走向规模化和大众化。

西方制造业强国也发展了新的绿色制造之路。美国为了高效使用资源，决定将耗材、废料、能耗分别降低 15％、90％ 和 75％。德国发起名为 Blue competence 的高能效机电倡议，旨在做到降低能耗 30% ~ 40%，机床减重一半以上，且机床报废可完全回收。德国工业依靠封闭循环与产业共生走上了新型工业之路，依靠能源回收、储存和新能源技术三者合一的新能源自给之路，并辅以流程短、清洁化的技术如 3D 打印，来创新绿色制造业。除此以外，发达国家还提出了众多关于绿色制造的新观点，意在通过这种方式抢占先机。例如，美国创造的无废弃物加工制造，是指在生产过程中所有废弃物都可以向原料转化，所以过程结束后没有任何废弃物。德国制定的"工业4.0"旨在实现个性化、少污染、高生产率的制造。① 持续实现个性化可持续发展的工程解决方案，才能解决不同需求的人满足自身的需要。

4. 信息化。

绿色制造的信息化就是将信息技术或者其他相关的高科技技术充分应用于传统制造业并对其进行升级和革新，在生产全过程中，利用信息技术将信息汇总或共享，使企业资源的配置更加合理，企业的运行模式更加高效，以此来提高企业的利润并在竞争中取得优势。例如将现代高科技技术和信息化行业中诞生出来的芯片、传感器与传统制造业生产出来的机械产品相结合，使产品可以与数字通信、自动控制或者传感检测紧密联系而成为机电一体化产品，随后还可以再次进行技术集成。此外，企业还可以在这些年如日中天的电商行业大显身手，利用网上宣传、网上采购、网上营销等方式，减少产业链的中间环节，缩小成本，将信息技术融入绿色制造之中，实现强强联合，推动制造业的演进和升级。②

信息技术、信息产业始终在全球经济发展中占据主导地位。

---

① 赵建军、杨博：《绿色制造：未来制造技术的发展方向》，载丁《学习时报》2016 年 3 月 31 日。
② 朱森第：《全球化、信息化、绿色化—提升中国制造业》，载于《机电工程技术》2004 年第 1 期，第 9 页。

绿色制造的信息化就是要充分显示信息技术的优越性，利用信息资源，推动资源共享。今后的绿色制造信息化技术将沿着设计数字化、制造装备数字化、生产过程数字化、管理数字化和企业数字化五个方向快速发展。2013 年，中国制造业信息化投资 619.5 亿元。2014 年，中国制造业信息化投资规模达到 633.1 亿元，同比增长 2.2%。这表明了中国已经看到信息化的重要性，但是重视的程度还不够，而且信息化的步伐还不够快。未来的制造业正在不断地从硬件向软件、服务、解决方案等方向转移，是软件带给硬件功能、控制硬件、对硬件提出要求。所以，要放弃传统的"硬件式"思维模式，而要从软件、服务产生附加值的角度去发展绿色制造业。纵观全球各大知名企业，如 GE、特斯拉、谷歌、西门子、SAP 等都在搭建全新的制造平台，对于任何一家制造业企业来说，抢占信息化的制高点，就有可能一统整个行业。

5. 生态化。

生态化本身就是绿色制造的题中之义，而且是它最关键的内涵。2015 年中国国务院印发了《中国制造业纲要（2015～2015年)》（以下简称《中国制造 2025》)，它是中国政府实施制造强国战略的第一个十年行动纲领。《中国制造 2025》提出，坚持"创新驱动、质量为先、绿色发展、结构优化、人才为本"的基本方针，强调坚持把可持续发展作为建设制造强国的重要着力点，走生态文明的发展道路。同时把"绿色制造工程"作为重点实施的五大工程之一，部署全面推行绿色制造，努力构建高效、清洁、低碳、循环的绿色制造体系。制造业下一步的目标就是向绿色化和智能化靠拢。全面推行绿色制造，首要着力点就在"绿色"二字，要严格遵循生命的周期理论，改变原有的从设计生产到销售回收等全部的方式方法，让"绿色化"渗透到制造业的方方面面。

从生态化的绿色制造的全过程来看，需要实现以生态原则来塑造产业链的联系和社会再生产过程，形成符合"自然资源效率、生态环境效率"的全程生态发展的"绿色生产体系"，并引领公众树立绿色生活方式。还需要根据"资源—生产/产品—再生资源—生产/产品"的流动过程，以"减量化（Reduce）、再使用（Reuse）、再循环（Recycle）"为基本原则，实现废物减量化、资源化和无害化。更重要的是要在今后的发展中建立生态化组织体系，形成企业小循环、产业中循环和区域大循环的整个节能减排的大系统。

6. 智能化。

"人工智能和智能制造技术将在绿色制造研究中发挥重要作用。"[①] 智能化是集现代通信与信息技术、计算机网络技术、行业技术、智能控制技术、光电子技术、传感技术、软件技术等为一体的控制技术，目的是实现"智慧"和"能力"的结合延展人的能力，替代人类进行控制是建设数字化工厂过程中最基础的一项科学技术。从目前来看，制造业中与信息技术和智能技术紧密结合的典型范例就是工业机器人。它们的优势在于可以替代人类进行大量重复的、枯燥的、持续性的工作，并且可以在某些不适合人类身体健康的危险或恶劣环境下运行，且可以保质保量完成生产。市场对机器人的需要日渐增长，根据有关数据统计，我国在2015年的机器人市场规模已经名列世界前茅，3.6万台的需求总量占全球总需求量的18%，并且机器人在中国市场的销售总量在接下来的几年内依然呈现持续增长的趋势，总共增长了11.8万台。在传统制造业利润被不断挤压、人口红利消失时，当今的制造业已经形成了新的发展方向，即努力完成设备的智能化改造，将生产自动化水平提高，降低人工劳动力的劳动强度，提升生产环境等。

―――――――――――

① 刘飞、曹华军、何乃军：《绿色制造的研究现状与发展趋势》，载于《中国机械工程》2000年第11期，第109页。

在今后一段时间内，随着计算成本的下降以及云计算的大规模发展，人工智能应用的场景将更为广泛，极大地促进了绿色制造的发展。未来的智能化制造将研发设计、生产制造、仓储物流、市场营销、售后服务、信息咨询等各个价值链环节，涉及执行设备层、控制层、管理层、企业层、云服务层、网络层等企业系统架构，需要进行横向集成、纵向集成和端到端集成。在智能化的过程中，各领域企业间趋向于开展资本并购或战略合作，实施开放式合作和协同创新，促进各类要素资源整合，推进前沿技术研发及创新成果转化。未来随着运算能力、数据量的大幅提升，机器智能将从感知、记忆和存储向认知与学习、决策与执行甚至独立意识与创新创造进阶。在移动互联网时代，数据量呈现指数级增长，为利用大数据进行深度学习提供了可能。在大数据的支撑下，人工智能应用也将变得更加广泛。绿色制造的智能化是集当代科技和工业创新为一体，标志着国家机械制造业达到了一定高度，更为国家工业发展奠定了基础。

7. 集成化。

要贯彻落实绿色制造的道路，就必须把该过程中遇到的问题与系统化和集成化方向紧密联系在一起。当前，绿色制造在集成化方向包含多个方面，其中有集成化的产品目标、产品设计与生产及生产过程中的材料选择，有集成化的用户需求和商品应用，有集成化的绿色制造，集成化的信息系统，和集成化的绿色生产过程等。这些方向都是绿色制造这一大分类下的重点研究对象。

绿色制造集成化还体现在，要想进行真正的绿色制造，就离不开集成化的生产制造系统。绿色集成制造系统这一理念由此应运而生，这一系统的大体概况如下：该系统包括的六个分系统主要涵盖了绿色设计、绿色生产、质检及质保、物能资源和环评这六个方面，此外还有数字通信系统和数据库/知识库系统这两个系统的支撑，该制造系统还包括与外部的联系。集成化的绿色制造及其发展出来的技术和系统将成为以后研究的重点课题。

二、"绿色制造"是什么？

（一）制造、制造体系与制造业

要认识绿色制造的内涵，首先要了解制造、制造业以及制造模式等相关概念，因为它们之间是紧密关联的，绿色制造其实也是一种现代的制造模式，它离不开历史上已经形成的其他制造模式，在此基础之上通过继承、创新才产生出来一种新的制造模式—绿色制造。

1. 制造的含义。

制造活动是人类社会最基本的活动。制造就是利用已知的技能，将原材料与加工过程（手工或通过工具）相结合，借助一定的工艺和能源，转换成人们所需要的大型工具、工业品及消费产品的过程。

制造的概念有广义和狭义之分：狭义制造通常是指与物流有关的将原材料转变为成品的加工和装配的生产过程，也即为人们日常生产和生活服务所说的"制造"；广义的制造则包含了从市场评估、产品设计、准备阶段、加工装配、质检及质保、营销售后直至报废处理等在内的整个产品生命周期的全过程。一般谈到制造则是指的广义的制造。

2. 制造系统。

现代制造系统是一种复杂的大系统，涉及制造企业的全部生产经营活动，所以不同的学者对此有不同的理解。

1989 年，英国学者帕纳比对现代制造系统所做的定义是"制造系统是工艺及其系统、人、组织结构、信息流、控制系统和计算机的集成组合，其目的在于取得产品制造的经济性和产品性能的国际竞争性。"

国际生产工程学会（CIRP）于1990年公布的制造系统的定义是："制造系统是制造业中形成制造生产（简称生产）的有机整体。在机电工程产业中，制造系统具有设计、生产、发运和销售的一体化功能。"

美国麻省理工学院教授乔治·克里斯索洛瑞斯（G. Chryssolouris）于1992年将制造系统定义为："制造系统是人、机器和装备，以及物料和信息流的一个有机体。"

综上所述，可将制造系统定义为："制造系统是指制造过程及该过程中所包括的软硬件有机结合并实现资源转换以满足社会需求的整体。"

我们暂时将制造系统分为三个部分，并分别从每个部分来对其进行定义。

（1）结构。制造系统是一个有机整体，内含生产制造过程中覆盖的全部软硬件。制造系统的硬件主要包括人员、工具、原材料、能源等；包含的软件主要有制造理论、技术、方法、标准及计算机相关程序等。

（2）功能。制造系统的作用是将原材料转换为产品或半产品，是一个输入输出系统。鉴别该系统是否具有优势，需用六个指标来衡量，即时间（Time）短、质量（Quality）好、成本（Cost）低、服务（Service）优、柔性（Flexibility）高、环境（Environment）清洁。

（3）过程。制造系统包含产品整个生命周期所具有的全过程，包括市场评估、产品设计、工艺选择、生产组装、质量检验、销售服务和报废处理等环节。①

---

① 薛伟、蒋祖华：《工业工程概论（第二版）》，机械工业出版社2015年版，第284页。

3. 制造业的概念。

制造业是指按照人们的市场需求，将一定的资源和能源（包括资金、技术、材料等）通过生产过程制造出人们需要的工具、机械或者商品的行业。制造业主要有冶金制造业、食品加工业、机械制造业、电子产品生产业等。依据国民经济行业分类标准（GB/T4757－2002），制造业隶属于第二产业，但是开采挖掘、供电、供气、供水及建筑业不包括其中，它的主要内容是将农业及挖掘开采业中获取的原材料进行加工并制成产品，包括 30 个大类，169 个种类和 482 个小类。

制造业的发展史中，制造业大致可分为两类：一个是对原材料进行加工或者对成品进行再制造等，这就是我们常说的加工制造业；另一个是为国民生活和国家生产建设提供装备等，也就是我们常说的装备制造业。加工制造业多采用流水线生产，有固定的生产标准且出产量大。现代制造业就是现代的科学技术和制造业有机结合后形成的整体。现代制造业实际上优化了原有的行业结构，在产品的生产过程中，是利用现代高科技为客观手段转化原材料的一种工业。现代制造业可以包括产业的现代性、生产的现代性和生产组织管理的现代性三个方面，一切采纳现代科技成果从事工业生产的产业都可称为现代制造业。

中国科学院前院长路甬祥院士曾指出：国家繁荣的根本紧系于发达的制造业；国与国之间的竞争主要是制造业的竞争，国家与民族的希望在于制造业；高度发达的现代制造业是一个国家综合国力和国际竞争力的集中体现。

（二）绿色制造及其体系

1. 绿色制造的概念体系。

绿色制造（Green Manufacturing），又称环境意识制造（Environmentally Conscious Manufacturing）、面向环境的制造（Manufacturing for Environment），这一制造方式的特点就是在原有传统

制造业的基础上，加入对环境问题、生态保护和资源节约等方面的思考，从而使得全面考虑到从产品设计、生产、装配的整个生命周期中，是否对环境产生了污染、是否造成了资源浪费等问题，从而从根本上改变生产模式、减少污染和浪费并以此提高企业利润。这种制造方式集中体现了全面协调可持续的科学发展观念，表明工业企业清醒地认识自身对环境的责任，履行经济责任、环境责任、社会责任的"三重底线"。

绿色制造可以看到的方式有两种：一种是"绿色"产品的制造，特别是用于可再生能源系统和清洁的各类技术设备；另一种是"绿化"的制造，即通过减少自然资源的使用达到节能降耗减排的目的。在现有的对绿色制造的概念看来，它涵盖的范围包括了产品的全部生命周期。绿色制造的含义很广，但主要涉及以下几个方面。

(1) 环境保护。制造是永恒的，产品的生产会造成对环境的破坏和污染，人类的生存环境正面临着日益增长的产品废弃物危害和资源日益匮乏的局面，要以产品全生命周期来考虑，从市场需求开始，进行设计、制造，不仅要考虑它如何满足使用要求，而且要考虑当生命终结时如何处置它，使它对自然界的污染和破坏最小，而对自然资源的利用最大。如工业废水、粉尘的排放，一些产品如电池、印制电路板，计算机等在报废后元件中有害元素的处理。

(2) 资源利用。如果将世界上的资源从再生的角度来分类，可以分为不可再生资源与可再生资源，石油、煤、矿产等都是不可再生的，生物、土地、水能等是可再生的。因此，在产品设计时，应尽量选择可再生材料，产品报废后，要考虑资源的回收和再利用问题。为此，机械产品从设计开始就要考虑拆卸的可能性、方便性和经济性，在产品建模时，不仅要求考虑加工、装配结构工艺性，而且要考虑拆卸结构工艺性，把可拆卸作为计算机辅助装备工艺设计的一项重要内容。

（3）清洁生产。在产品生产加工过程中，要减少对自然环境的污染和破坏，如切削、磨削加工中的冷却液，电火花加工、电解加工的工作液都会污染环境。为此，出现了干式切削、磨削加工，而干式切削、磨削中的切屑粉尘会造成对人体的伤害，需要配置有效的回收装置。热处理废液会造成严重的水污染和腐蚀，对人体有害，应当处理后才能排放。又如机械加工中的噪声也是一种环境污染，需要控制，不能超标等。为了研究产品生命周期，进行清洁生产，出现了生命周期设计的新概念，它能有效地处理与生命周期有关的各因素，是并行工程的一个发展，同时考虑了从产品概念设计阶段到详细设计阶段的全部循环过程，其中有需求认可、设计和开发、生产、销售、使用、处理和再循环。

绿色制造是多领域、多学科的集成，主要涉及三个领域：一是制造领域；二是环境领域；三是资源领域。[1] 绿色制造中既有这三面的交叉，也有这三面的集合，它现在已经成为世界性的产品制造新浪潮，因为它符合现代的环境观。

在制造领域，绿色制造中的"制造"概念，在这里和敏捷制造、虚拟制造中一样包含产品从设计生产到使用回收的全生命过程，是一个广义上的制造概念，体现的是当今制造业"大制造、大过程、大交叉"的特点。

在环境领域，绿色制造对可能出现的环境及生态问题同样关注，并带来了一些新的名词，如绿色设计、绿色工艺、绿色包装、清洁生产等。经过绿色制造而生产的产品，当它使用寿命到期时，其构成部件可经过整修后重复利用，从而形成该产品的封闭式循环，尽最大的可能减少对环境可能造成的破坏和污染。

在资源领域，国际社会进入工业化生产以来的三百多年里，

---

① 席俊杰、楚随英：《制造业可持续发展的绿色制造技术》，载于《起重运输机械》2005 年第 9 期。

我们消耗了大量的资源和能源，人类不应竭泽而渔，而是必须寻找"新"的资源以供持续发展，而过去被认为是"废物"的东西现在恰恰成为最重要的选择之一。目前，全世界钢产量的45%、铜产量的62%、铝产量的22%、铅产量的40%、锌产量的30%、纸制品的35%来源于再生资源的回收利用。西欧、美国和日本等发达国家的再生资源回收利用率已达到90%左右。中国再生资源回收利用协会的资料显示，我国每年有350亿～400亿美元的资源是可以回收但是却未回收的，这个数值已经与世界500强中一个中等规模的企业一年的销售总值相当。① 这也充分印证了中国发展绿色制造的必要性和紧迫性。

2. 绿色制造的主要内容。

绿色制造是一个复杂的大型系统项目，覆盖的是产品的全生命周期，所以它的贯彻落实需要大量的科学技术作为支撑。总的来看，它至少需要总体技术、专项技术和支撑技术；从它的产品生命周期来看，可以大致分为五个阶段：绿色的原材料、绿色设计及制造、绿色销售及购买、绿色实用和再制造阶段。因此，绿色制造的主要内容有：绿色材料、绿色设计、绿色工艺、绿色包装和绿色处理。

（1）绿色材料。绿色材料是指在原材料的采集、产品的生产制作和使用、产品的再循环及报废处理和回收过程中，采用的不对环境和生态造成危害、对人体健康没有损伤的材料，一般都是可以降解消化或者促进人体健康，同时也包括那些经过处理后对人类及环境的危害降低的产品和材料。绿色制造采用的材料之所以被称为绿色材料，是因为他们在满足人们需要的同时，与环境和生态的兼容性最强。它在采集、生产和用后回收再利用等各个时期，都能最高效地利用资源同时降低环境污染。绿色材料因

---

① 梁晓青：《区域科学发展和地方政府政策》，光明日报出版社 2009 年版，第160～161 页。

此也有了生态材料的称呼，也有一些人称之为环保意识材料。要想实现绿色制造，采用绿色材料就是重中之重。选择绿色材料的过程中应尽量按照以下标准：优先选择可再生或回收材料；减少对资源的消耗，增加其使用率，走可持续发展的道路；选择对环境污染小的材料；选出的材料应该和环境有较好的兼容性，如果材料含有有毒有害的物质要尽量避免；材料应该可以适用于再次回收利用或易于处理。

（2）绿色设计。产品的性能实际上在设计过程中就已经得到确认，数据证明这一阶段已经确定了 70% ~ 80% 的产品性质，所以我们常把设计当作产品生命的起点。在以往的设计过程中，我们的需要被放在了最显著的位置，为了满足人类的需求，对环境和生态造成的破坏，以及对资源造成的消耗和浪费都可以暂时放在一旁。绿色设计也叫环境设计或生态设计，是指在涉及产品整个生命过程时，多方考虑产品本身的应用功能和产品对环境及资源的影响，例如产品是否可以拆卸、可以回收、可以再利用等，都应该在考虑范围内，并以此作为设计目标，在原有的设计基础上进行优化，一方面对环境和资源做出有利的影响；另一方面还要保证产品本身的质量、性能和成本等。

绿色设计是从传统设计中发展而来的，但是青出于蓝而胜于蓝。它"胜于蓝"的原因，就是因为它涵盖了从产品诞生到产品回收或报废的全过程，并全程辅以"绿色"这一核心，从其产品生命周期的一开始就用可持续的眼光来看待后续的所有问题，讲求预先考虑周全可能出现的矛盾并提出解决方案，从而消灭潜在的隐患，减少环境污染，减少资源浪费，并争取再次回收利用。它的核心观念正是在此，预防为主，治理为辅，将以往传统设计中污染以后再考虑解决方式的办法进行了全新的变革，这也使得绿色设计稳坐绿色制造的基础。

（3）绿色工艺。绿色工艺与我们所了解的清洁生产有着密切的联系。通常所说的绿色工艺就是指清洁工艺，即在传统工艺的基础上采取材料科技、控制科技等新的科学技术的辅助能力，从而减少生产过程中的能源消耗和环境污染，减少废弃物，降低有毒有害化学产品对环境及人体的危害，改善劳动环境，对生产劳动者进行有效的健康保护，使最终的产品与环境相融合。

绿色工艺大致可以分为以下几种：①绿色工艺规划技术：就是指对生产过程总所采取的方法、所使用的仪器设备、裁剪削减的用量及程度等预先规划，加强生产过程中采取的工艺的环境兼容性，达到降低能耗、保护环境的目的。②工艺模拟及虚拟制造：工艺模拟技术就是建立模仿对象的模型并加以实验，来得出最优化的方案的。在这种技术应用之前，人们需要用很多次实验才能得到合适的结果。通过工艺模拟，我们可以减少实验过程中对资源的浪费和对环境的污染，用最环保最便捷的方式一次性得出结果。虚拟制造同理，就是对计划中的产品和过程进行仿真，实际上并不会消耗能源、也不会对环境造成影响。这一活动既可以帮助我们快速响应市场，又可以帮助我们节省成本、改善环境。③绿色加工工艺技术：采用绿色铸造技术、快速原型制造技术（RPM）、少无切屑加工技术、干式加工技术、绿色热处理技术、特种加工技术等减小材料消耗和环境污染。①

（4）绿色包装。这一方面目前也已经成了人们的关注重点。以往在产品的使用周期结束后，很大一部分难以回收的都是来自于产品包装。问题在于很多包装不仅是难以回收，而且会对环境产生难以修复的影响。例如一些对环境有害的化学材料或者塑料等，如果不采用焚烧等人为处理的方式，其本身的降解时间极长，对环境的影响极大。因此，生产商在包装上不应再追求奢侈华丽的特点，而应将其简化，这样既节约了包装上的资源，又可以减少使用后的环境污染。除此之外，包装用的材料应尽量避免

---

① 郑华林、刘清友：《制造业可持续发展的绿色制造技术及其实施》，2005 年全国先进制造装备与机器人技术高峰论坛论文集，2005 年。

使用有毒有害、难以处理的物质，而应该采用绿色环保可降解的物质，如纸及其他类似材料等。当然，从产品本身入手，改变其大小、形状，从物理上减少包装材料的使用也是个可行的选择。

我国的一些产品包装过于复杂奢华，外包装内包装一层又一层，增加成本又造成浪费。相反，发达国家在包装上却注重简约，如一些品牌的衣服没有外包装袋、鞋子也没有鞋盒，这种方式也可以是落实绿色包装的方法之一。

（5）绿色处理。产品的绿色处理（即回收）同样重要，正是这一个阶段才使得产品的绿色制造形成封闭系统。刚刚结束了自己生命的产品将通过回收重新投入下一次生命中。它们包括重新使用、继续使用、重新利用和继续利用。为了使回收变得可行，现在的产品将在起初的设计过程格外重视产品结构，比如面向拆卸的设计方法（DFD）。拆卸可以有效地使回收成为可能，通过拆卸也可以将产品还原成零部件再次加工。只有在产品设计的初始阶段就考虑报废后的拆卸问题，才能实现产品最终的高效回收和再利用。[①]

总之，绿色制造必须坚持污染预防，从开始设计、原材料选择、生产过程到社会服务的全过程都应注重把控，减少资源浪费、促进循环、降低污染，以达到经济、社会、环境的全面协调发展。

（三）绿色制造与其他先进制造模式的关系

绿色制造内涵广泛，因此形成了一个概念体系，从以上的论述中已经可以看到它与传统制造的区别，但是与当下的一些先进制造模式之间存在着什么样的区别和联系，还有必要加以简单说明，以加深对绿色制造本质性特征的理解和认识。通过对绿色制造与大规模制造、精益制造、敏捷制造之间的比较，可以看出它

---

① 冯显英：《机械制造》，山东科学技术出版社 2013 年版，第 206～207 页。

们之间的区别。具体如表 1 - 1 所示：

表 1 - 1　　　　　　　　绿色制造与传统制造方式的比较

	大规模制造	精益制造	敏捷制造	绿色制造
生命周期	研制到坟墓	研制到坟墓	研制到坟墓	坟墓到再生
生命理念	以企业为中心	以市场为中心	以市场为中心	以市场为中心（引导顾客理性需求）
资源内涵	人、财、物	人、财、物	人、财、物、时间	人、财、物、废物、时间
空间范围	企业自身	与顾客、供应商存在密切关系	形成一个协同的供应链环境	企业、社会、政府
竞争要素	基于成本竞争	基于质量竞争	基于柔性竞争	基于环保竞争
核心思想	分工、规模经济效益	消灭浪费	快速响应	和自然的协调发展、减少浪费、提高资源的利用率
理论基础	劳动分工论	供需协调论	资源整合论	天人和谐论

资料来源：郑华林、刘清友、张金伟、肖晓华、王悦排：《制造业可持续发展的绿色制造技术及其实施对策》，载于《机械制造》2006 年第 6 期，第 49 页。

　　从表 1 - 1 中可以看到不同制造模式之间的差别和联系，为了更清晰地探讨不同制造模式之间相互整合的问题，特以精益制造为例，探讨精益制造与绿色制造的结合，因为绿色制造必然要与其他先进的制造联合起来才能发挥其自身的优势，它不可能完全脱离其他制造模式而单独存在。

　　精益制造最初诞生在日本丰田汽车公司里，它通过系统结构、人员组织、运行方式和市场供求等方面进行变革，使生产系统能紧跟消费者的需要而改变，并将所有冗杂、无用的中间过程取消，最终达到无论是生产、销售还是消费者多方都满意的结果。

　　很多企业在原来的管理过程中，学到了大量有效的宝贵经验，这些经验有助于企业在引进新的管理体系时减少支出，更有助于企业尽快完善新的管理系统，可以从中汲取有益的东西以实现企业的经济、社会和环境的责任。通过对精益制造和绿色制造主要特征的对比分析，二者有着很多共同点，具体如表 1 - 2 所示：①

表 1 - 2　　　　　　　精益生产与绿色制造的比较

精益生产	共同点	绿色制造
重视员工的价值和利益	以人为本	重视与产品相关的一切人的安全与健康
由多面手组成的小组合作	注重团队合作	各方面专家组成的团队进行产品研发、成本与环境评估
消除浪费	旨在消除负输出	消除污染与消费
小批量多样化的产品需求	以需求为导向	对绿色产品的需求
与供应链上其他企业共同发展	强调外部和谐	产品生命周期全程厂商间的环境友好
公司整体利润最大化	着眼全局	生命周期全程污染最小，资源、能源利用率最高
整体功能大于局部功能之和	系统性	生命周期全程环境污染最小

　　源于上述共同点，可以把精益思想融入绿色制造系统中，其他的一些先进制造思想同样也可以融入绿色制造中，只有与绿色制造实现相容，才能顺应制造业发展的主流思想，才有存在和进一步发展的可能性；否则，必将被新的替代技术或工艺所取代。在未来，企业必须重视环境并发展相关的管理体系，才能有效地

---

　　① 李菁、周治、王昶、魏大鹏：《基于标准管理体系的精益化的绿色制造研究》，载于《科技与经济》2006 年第 1 期。

利用资源，使企业既能够获得利润，又能够尽到相应的社会责任，产品才能得到公众的认可。随着公众环保意识的提高，将来无视生态环境的企业是难以生存的。

精益制造的发源地丰田公司同样向绿色制造进行了转型。丰田在 2004 年发表的环境和社会报告书中，已经可以看到精益生产和绿色制造融合的迹象。通过在自身较完善的精益生产基础上，丰田公司分别从开发设计、生产和物流调度以及循环利用和流通等产品生命周期各个阶段实施了彻底的环境管理，针对性地制定了 2004 年的环境管理部门的方针。通过一系列整合，丰田的利润提高了，环境效益也取到了进步。由此我们可以得出结论，企业进行绿色精益制造不仅是一个好选择，而且是一个必要的选择。

此外，绿色制造与再制造之间也是既有联系又有区别的，不能简单地将绿色制造等同于再制造。国外将再制造界定为：以旧的产品为基础，用特定的工艺将其再次置于生产制造过程中，并通过这个过程得到新的产品。新产品的性能和质量与首次制造出来的产品都有可比性。换言之，就是在保证高效、节能、环保的前提下，重新设计产品的生产过程，将旧的产品重新制造并产生新产品，使之焕然一新的过程。同时它还改变了传统的开放系统，转变成为从制造到报废到再次制造产生产品的闭合系统。但不论多么具有优势，再制造也只是绿色制造中的一部分，是为了实现绿色制造而形成的一个环节，仅仅针对的是某一种产品的制造过程。绿色制造要比它更加全面、复杂和丰富。绿色制造从自己的生产方式和产品生命周期上体现了可持续发展的观念，它从整体的角度重新审视制造全过程，从商品的设计生产再到使用报废，这一模式都要考虑到商品对环境可能带来的问题，从而在此过程中将这种影响最小化，并更加高效地利用资源、能源，协调经济、社会、环境共同发展。由此可见，绿色制造不仅在制造的领域考虑到再循环对资源环境的友好性，更考虑到在产品的使用、包装、运输等过程中方方面面的环境效益与社会效益。①

三、中国制造业的绿色发展迫在眉睫

绿色制造是全球性的重大战略，有助于进行产业优化升级，可以改善人类生活、促进经济发展，自然具有重要的作用、意义和价值，而且这种价值随着时间的推进，将会越发展现出来。我们要么马上做出变革，及时地迎接它的到来并随时做好准备；要么在企业竞争和国家竞争中掉队或被别的国家超越，最终失去市场占有率、经济滑坡、国家综合实力衰落，甚至重新变为任人宰割的落后国家。

（一）中国发展绿色制造的必要性

当绿色之风席卷全球时，中国作为一个最大的发展中国家，作为一个世界制造大国，迫切需要在制造业上实现一次完美的绿色转身。从国内来看，资源与环境约束凸显；从国际上看，国际上对中国削减温室气体排放、应对全球气候变化的压力越来越大，产品的绿色壁垒日益严重，而生态文明价值观的实现更是需要发展绿色制造来践行。因此，中国制造业走绿色制造的道路非常有必要而且十分重要。

1. 资源与环境约束凸显。

过去多年来中国经济在保持高速增长的同时，实际上是伴随着高投入、高消耗、高污染、低产出等典型的粗放式生产为基本特征的，这必然加剧了人与自然的矛盾，由于人类自身的原因而使我们生存的家园遭到破坏。

---

① 赵建军、杨博：《绿色制造：未来制造技术的发展方向》，载于《学习时报》2016 年 3 月 31 日。

中国正处于工业化、城市化高速发展阶段。改革开放以来的三十年，我国经济迅速发展：我国的 GDP 在 1978~2009 年的三十多年经历了跨越式的发展，从 3 645 亿元跃升到 68. 91 万亿元，经济总量从世界第 10 位攀升到第 2 位，年均增长约 9. 5%，人均国民收入由 1978 年的 190 美元提高到近 8 000 美元。我国城市化进程也不断加快，1978~2015 年间，中国城市总数从 193 个增加到 661 个的同时，城市等级规模也发生了巨大的变化。特大城市从 13 个增加到 54 个，大城市从 27 个增加到 85 个，中等城市从 59 个增加到 226 个，小城市从 115 个发展到 296 个。2015 年年末，全国设市城市的建成区面积为 3. 25 万平方千米，城市范围内人口密度 870 人/平方千米。至 2016 年年末，全国城镇人口 57 706 万人，城镇化水平 43. 9%，比 2015 年提高了 0. 9%。2016 年全国城镇全社会固定资产投资 93 472 亿元，占全社会固定资产投资的 85%；城镇人均全社会固定资产投资 16 198 元，是改革开放初期（1980 年）的 40 倍。①

中国发展速度确实让世界羡慕，但也为此付出了巨大的资源环境代价：资源越来越匮乏，污染越来越严重；盲目的城市扩张使得"城市病"不断加剧：人口增多、水电供应紧张、交通拥堵、环境恶化。

能源资源供求形势十分严峻。一般认为，石油对外依存度达到 50% 是一条国际警戒线，若某国的石油对外依存度高于这个临界值，那么该国从国际市场上获得持续且廉价的石油的供应难度将骤增，并且随时有可能发生石油供应中断的风险。目前，中国石油对外依存度已突破 60%。同时，中国已从煤炭的出口国变成了进口国，能源供应愈加紧迫。而在能源储备方面，石油、天然气可开采储量仅为世界人均水平的 7. 7% 和 4. 1%。

---

① 国家统计局：《改革开放铸辉煌 经济发展谱新篇——1978 年以来我国经济社会发展的巨大变化》，载于《人民日报》2013 年 11 月 6 日。

环境不断恶化。一方面是资源的枯竭；另一方面是环境的不断恶化。从总体来看，中国目前环境污染具有范围大、程度深的特点，并且已经形成全国范围内的大气、水体和土地的立体、全面污染局面。这与英国、日本，以及其他发达国家当初"污染仅仅发生在工业区和城市及其周边地区"的情况完全不同。在中国，那些数量众多、面积广泛的严重污染地区早已大大超过英国、日本当年的污染水平。如湘江下游河流底泥的镉含量已超过日本"骨痛病区"镉含量几十倍。而且，数量更多、范围更大的隐蔽、潜在严重污染区正在"发酵"。江河水系 70% 受到污染，40% 严重污染，流经城市的河流 95% 以上严重污染。中国有 3 亿多农民喝不到干净的水，4 亿多城市人口呼吸不到新鲜空气。据预测，2020 年中国人口将达到 14.6 亿人，经济总量将翻两番，按这种资源消耗和污染控制水平，污染负荷将增加 4～5 倍。

资源耗竭与环境污染已经构成了中国新一轮发展的严重挑战，从这个意义上看，绿色之风来的正当其时，探索中国制造业发展的新模式，实现制造业和经济结构的绿色转型便成为我国突破资源与环境"瓶颈"的关键所在。

2. 来自国外的压力渐增。

随着经济的持续高速发展，中国温室气体排放量也迅猛增长。截至 2015 年年底，中国温室气体排放总量已仅次于美国，居全球第二位。近年来，国际舆论对气候变化问题格外关注。2009 年年底哥本哈根气候峰会更是引起世界广泛的关注，世界舆论环境对中国极为不利，要求中国大力削减碳排放的声音越来越多。联合国秘书长潘基文在 2009 年 7 月访华时表示"中国掌握着决定气候谈判成功的钥匙"，强调了中国在全球气候变化和温室气体减排问题中承担着不可回避的义务。[①] 面对气候问题的

---

① 贺军：《中国如何迎接低碳经济时代》，载于《中国经济时报》2009 年 11 月 27 日。

复杂性，中国始终坚持"共同但有区别的责任"的原则，主张发达国家应首先解决历史排放及当前排放量大的问题，改善生产方式并给予发展中国家一定的技术和资金支持；而发展中国家应首先解决经济问题，并在该过程中采取可持续发展的方式节能减排、保护环境。这也为中国发展绿色制造争取了一定的时间、资金和技术。

中国对外贸易也亟待借助绿色制造的转型才能得以实现增长。"两头在外"的粗放型、低附加值加工贸易模式是助推中国经济持续高速增长的重要因素，由于中国处于全球分工和产品价值链的最底端，资源环境消耗严重，这种贸易以不可估算的生态环境逆差为代价换取了中国贸易的巨大顺差，严重影响了中国的国际形象。"世界工厂"所产生的环境问题已越来越被国际社会所诟病，中国环境资源威胁论此起彼伏。与此同时，发达国家常以环境为借口设置绿色壁垒，在道义和经济上对中国贸易进行双重打压。因此，中国在维护自身合法权益的同时也要及时改变粗放的制造模式以应对贸易问题，在国际制造、贸易和金融市场上增强绿色竞争力。[①]

（二）制造业绿色发展的巨大效益

随着 2008 年金融风暴席卷全球，世界经济迅速衰退，特别是大批工厂倒闭，制造业遭受沉重打击，这表明传统的制造模式的弊端已经显露出来，它难以适应新时代的要求。全球金融危机和经济衰退同时也为绿色制造提供了一个契机，即制造业也须将环境问题放在优先地位，从而彻底改变过去破坏环境的不良形象。绿色制造已经成为制造业发展的大势所趋，它也成为重新振兴本国经济增长的主要动力和新引擎。各国纷纷推出本国的绿色

---

① 李晓西、胡必亮：《中国经济新转型》，中国大百科全书出版社 2011 年版，第 333~334 页。

制造计划，并以此为着力点，建立一系列与之相匹配的贸易、经济发展计划，实现全球经济在绿色中得到复苏的目的。绿色制造至少可以从四个层面体现出自身的价值：一是从企业层面；二是从制造业层面；三是从国家经济层面；四是从生态环境层面。

1. 绿色制造是企业长期良性发展的必由之路。

随着原材料、能源成本的不断上升，各国对企业排放的要求越来越严格，以及对产品环境管理标准的提高，企业必须寻找到一条可持续发展的道路，才能实现自我增强或良性正反馈的发展。很多企业往往从整个组织的内部开始寻求减少环境足迹、实现成本节约，以及开发新产品的绿色之路。

例如世界知名企业杜邦公司已有 208 年的历史，是一个产值超过 290 亿美元的化学工业巨人。杜邦公司早在绿色和平组织的公众曝光行动之前，高管人员已经开始认真反思公司的价值命题了。他们做出了一项战略抉择，启动了一个新的方向，要把杜邦从石油化工为基础的过去，转向一个新的定位，成为以植物为基础的化学原料和新型环境友好产品的全球领袖。之所以发生这样的转变，原因在于：不仅是杜邦的高级管理人员和科学家对未来发展的预想，也是因为他们意识到，公司当时的化学产品和有机聚合产品将会成为大宗商品，随着时间的推移，盈利能力会大幅度下降。这个转变使杜邦的声誉得到大幅度改善。2005 年，《商业周刊》在其"领先绿色企业"名录中，将杜邦公司列为第一。谷神创业基金作为一家广受尊重的环保监察组织，在应对气候变化的商业挑战方面，将杜邦公司列为全美国第一位和全球第二位。

杜邦公司的起点是建立强有力的内部网络，着力解决大幅度降低能源成本和有毒物质排放的问题；并在其后整个化学工业开展的"责任关怀"项目过程中，起到关键的领导作用。

可以这样说：只有绿色制造才能迎来企业的新生。实施绿色制造不仅能让企业取得经济效益，提高企业市场竞争力，更重要的是还取得了环境效益，使得资源得到了合理配置，提高了资源的利用效率，真正实现企业的持续发展。对于传统的制造业，如钢铁、有色金属、石化与化工、生物医药、轻工、印染等一定要进行绿色转型，要将绿色工艺如废水循环利用集成系统、废气处理及节能减耗、生产流程在线分享采集、环保材料替代毒害材料等应用于制造业，在加工过程中尽量采用清洁高效铸造、锻压、焊接等，让绿色覆盖生产的方方面面。要大力研究和开发生产绿色产品，让耗能低、污染小、可回收利用成为产品的新特点，对于耗能的机器如发电机、内燃机等，要进一步提高他们的能源转化效率，将跟不上绿色转型速度、不符合可持续发展理念的技术淘汰。要在新兴产业诞生之初，就引领它们走上绿色制造之路，建立绿色数据信息共享平台，促进新技术、新能源的绿色化。

中国的粗放型发展方式已经造成了资源的浪费，在国内资源总量一定的前提下，只有改变固有的模式，坚持可持续发展，把效益高、消耗低、污染少、高科技作为发展特色，走出我们自己的新型工业化道路。在现在的大背景中，企业不仅仅要创造利润、追求市场影响力，更要积极承担自己的社会责任，通过绿色制造等方式为保护环境、节约能源出一份力。目前已有很多国内外企业作为领头羊，逐步向制造业的绿色化水平转型，即通过绿色设计、绿色材料、绿色生产、绿色回收等环节降低了生产成本，提高了利润，更保护了环境，节约了资源。

2. 绿色制造是制造业可持续发展的战略选择。

可持续发展的提出已经有很长一段时间了，怎样实现可持续发展的问题可能有不同的选择，不同的国家也在探讨着不同的战略和策略，但毫无疑问的是：如果没有制造业的可持续发展，肯定不会有人类的长远生存发展。按照世界资源研究新的定义看，可持续发展就是"建立极少产生废料和污染物的工艺和技术系统"，它不是指某几项产品的清洁生产，也不仅限于"末端治理"型环境保护，而是整个生产系统的转型。从源头治理环境污染，就是要制造业在实施过程中考虑产品整个生命周期对环境的影响，最大限度地利用原材料、能源，减少有害废弃物的排放，选用绿色材料，实施绿色设计、绿色工艺、绿色包装、绿色使用和绿色处理。中国目前在走一条可持续发展的道路，在制造业领域所倡导的绿色制造之路，也是现代制造业应该走的一条正确的道路。

近年来，随着人们的环保意识的提高，人们在购买商品时，不仅会考虑产品能否满足自身的需要，而且也会考虑产品是否会对人类生存环境产生不利的影响，所以人们希望能够购买到更多的"绿色产品"。绿色产品在国际贸易中所占的比重越来越大，在国际市场上也越来越有吸引力和竞争力。为了研究和开发绿色产品，世界各国纷纷建立绿色产品认证和绿色标志制度。绿色标志制度的实施，无论是对企业、制造业来说，还是对消费者、国家来说，都有重要意义。制造业只有顺应人们的绿色诉求，才能不断地打破国际贸易中的绿色壁垒，占有国际市场。世界各大跨国公司、知名企业对环境管理标准都抱有非常积极的态度，可见制造业要实现全球化的发展战略，就必须实施 ISO14000 环境管理系列标准，在产品生命周期的每一个阶段，都实行了绿色制造。①

绿色制造是我国在探索可持续发展道路上的一个制造业新方向，体现的是我国十分重视可持续发展的主题。尤其是在这样一个经济全球化的时代，跨国公司的战略和发达国家发展战略往往代表着一种新的技术创新和产业的变革方向，后发国家应及时抓住这个难得的机遇和挑战，为本国在制造业的转型和重新洗牌中占据优势奠定基础。当前，在每个国家都开始向产业绿色化方向发展时，一些制造业发达的国家地区如欧洲、日本、美国等都已

---

① 吴中、席俊杰、徐颖：《推进绿色制造　实现制造业可持续发展》，载于《制造业自动化》2004 年第 12 期，第 23 期。

经踏上了征程，这意味着我们即将迎来一次新的制造业革命和竞争。如果不能及时调整战略，一旦落后就不知道什么时候才能赶上，或许会被越拉越远，再也没有赶超的机会。所以，发展中国家一定要密切关注世界上重要经济体在制造业方面的改革方向，要想方设法搭上这趟始向未来的列车。

3. 绿色制造是实现国民经济可持续发展战略目标的重要技术途径之一。

自党的十五大报告明确提出实施可持续发展战略之后，党的十六大报告中也将可持续发展战略作为全面建设小康社会的三大目标之一，目标指出"可持续发展能力不断增强，生态环境得到改善，资源利用效率显著提高，促进人与自然的和谐，推动整个社会走上生产发展、生活富裕、生态良好的文明发展道路"。党的十七大报告更加强调了全面协调可持续发展，并第一次将生态文明写入报告，指出："基本形成节约能源资源和保护生态环境的产业结构、增长方式、消费方式……生态文明观念要在全社会牢固树立"。党的十八大报告提出建设"美丽中国"，要把生态文明提升到更高的战略层面，融入到经济建设、政治建设、文化建设、社会建设各方面和全过程①。从这些一脉相承的论述中可以看到：要建设生态文明，实现美丽中国，制造业必须做出回应，绿色制造正是实现这些根本目标的重要技术途径之一。

根据美国世界技术评估中心（World Technology Evaluation Center，WETC）的《环境友好制造最终报告》，衡量一个国家国民经济发展所造成的环境负荷总量时，可以参考以下的公式进行分析：

环境负荷 = 人口 ×（GDP/人口）×（环境负荷/GDP）

国内生产总值（GDP）是指一个国家或地区范围内的所有常

---

① 俞国斌：《中国特色社会主义制度历史成就、伟大创新与根本保障》，载于《当代世界与社会主义》2015 年第 1 期。

住单位在一定时期内生产最终产品和提供劳务的市场价值总和。公式中的"人口"是国民数量；"GDP/人口"是人均GDP，反映人民生活水平；"环境负荷/GDP"反映了创造单位GDP价值给环境带来的负荷。党的十五大报告中提出了对未来的长期规划：在中国达到小康社会水平以后，我国经济将迎来三个重要的关键性节点，分别是2010年、2020年和2050年，并最终实现中国的现代化。GDP每年的增长率稳定在7%左右，并在2010年实现GDP增速翻番；中国的人口数量在2010年控制在13亿元以内，到2020年控制在14亿元以内，而在2050年将控制在15亿元以内。因此，以2000年为基准并维持环境负荷总量的不变，根据上面公式可以计算出2010年、2020年和2050年单位GDP的环境负荷的递减情况，如表1-3所示：

表1-3　　今后50年单位GDP的环境负荷的递减情况

年份	2000	2010	2020	2050
人口增长倍数	1	1 077	1. 154	1. 231
人均GDP增长倍数	1	1 827	2. 254	23. 934
单位GDP的环境负荷递减倍数	1	0. 508	0. 258	0. 034

如表1-3所示，如果我们为了发展经济而对国家的资源和环境造成的影响是一个定值，即等同于2000年的数值，那么到2050年，我们国家单位GDP的环境负荷要降为现在的1/30。以汽车制造为例，到2010年、2020年、2050年，生产一辆汽车所消耗的资源、能源和环境的污染应减少为现在环境负荷的0.508（约1/2）、0.258（约1/4）、0.034（约1/30），这个数据并不是很容易达到的。因此，为了改善我们国民经济的发展质量，实现国家的可持续发展战略，实施绿色制造，减少制造业消耗和环境

污染已势在必行。①

　　绿色制造的实施将导致一大批新兴产业的形成，并成为新的经济增长点，推动经济在"新常态"下的持续发展。如废弃产品回收处理产业，随着汽车、空调、计算机、冰箱、复印机、传统机床等产品废旧和报废，一大批具有良好回收利用价值的废弃产品需要进行回收处理，再利用或再制造，由此将导致新兴的废弃物流和废弃产品回收处理产业。回收处理产业通过回收利用、处理，将废弃产品再资源化，节约了资源、能源，并可以减少这些产品对环境的压力，为整个经济的可持续发展增加新的驱动力。

　　4. 绿色制造是实现全球生态平衡必不可少的重要一环。

　　从人类的物质生产过程来看，仅仅从生产一端要求实现绿色化还是远远不够的，还要实现公众生活方式的绿色化，而生活方式能否实现绿色化，除了公众自身的行为选择以外，还要看使用的产品是怎样的。如果产品是绿色的，那么公众在很大程度上就能减少生活垃圾且影响环境的程度就会小一些；如果产品是无法回收利用的，那么使用后的报废产品就会对环境造成很大危害，即使经过垃圾处理之后同样也难以消除这种不良影响。所以，归根结底来看，绿色制造不仅是对生产方式的一次革命，同样这次革命将影响人们的生活方式的变革，并随之掀起一次生活方式的革命。

　　环境和生态是与每一个人息息相关的，随着越来越多人环保意识的增强，必然会进一步推动更多的绿色需求，市场的反馈也会促使生产企业做出改善以适应人们的绿色需求，这样将会生产出更多的绿色产品。生态将人类连在一起，不管是个人、企业、团体，还是国家政府都会具有很强的相互依赖性，都需要协作起来，各自不仅要处理好自己一方的义务和责任，而且还要兼顾其

---

① 党新安：《工程实训教程》，化学工业出版社 2011 年版，第 293 页。

他各方的利益，形成一种合力共同应对未来气候和环境的变化。过去制造业的惯例是有意无意地把废弃物管理的成本转嫁给整个社会，把产品和工艺中有毒物质造成的公共健康成本转嫁给整个社会，但是这种由政府负责处理这些产品的日子即将过去。随着生产者责任延伸的制度越来越规范，这个责任现在已经实实在在地落在了制造企业的肩上。

制造业不应将绿色看作是一种负担，而应该看是一种动力，应该抓住绿色转型的机遇，推动能源革命，加快本行业的技术创新，从而实现经济发展与生态改善的双赢。绿色制造最终所能达到的目标肯定不是单一的，而是多元化的，它把技术对环境、生态的影响和作用进行了充分的衡量，是在创新的过程中综合考虑经济和社会的双重效益，不再简单地要求在市场中获得利润，还要求在获得利益的同时兼顾生态友好、社会友好及人的全面发展，最终实现人类的永续发展。绿色制造是符合生态文明建设的基本要求，体现了生态文明建设的价值取向，是实现全球生态平衡的重要一环。面对未来，我们不是仅仅为了缓解危机的症状就足够了，还要寻到真正解决问题的办法。如果制造业不率先走出一步，那么生态危机的局面将会越来越糟，所以制造业与其坐以待毙，不如及时积极行动，并将变革的信心传递给其他的行业和公众，真正用一种觉醒的意识取代传统的自私自利，引导我们共同去完成这样伟大的变革，朝着绿色化的道路进发。

2015 年，国务院颁布的《中国制造 2025》，是中国政府建设制造强国的第一个十年的行动纲领。《中国制造 2025》提出，坚持"创新驱动、质量为先、绿色发展、结构优化、人才为本"的基本方针，坚持"市场主导、政府引导，立足当前、着眼长远，整体推进、重点突破，自主发展、开放合作"的基本原则，通过"三步走"实现制造强国的战略目标：第一步，到 2025 年迈入制造强国行列；第二步，到 2035 年中国制造业整体达到世界制造强国阵营中等水平；第三步，到新中国成立一百年时，综合实力进入世界制造强国前列。

2016 年 3 月，十二届全国人大四次会议表决通过了《中华人民共和国国民经济和社会发展第十三个五年规划纲要》，纲要中明确提出了实施制造强国战略，指出要深入实施《中国制造2025》，坚持对制造业的优化创新工作，深化信息技术对制造业的良好影响，促进制造业朝高端、智能、绿色、服务方向发展，培育制造业竞争新优势。

2016 年 11 月，国务院印发的《"十三五"生态环境保护规划》（以下简称《规划》）中提出，要强化绿色供给以带动消费，将环保、节能、节水等多个方面的认证整合为一，建立统一的绿色产品标准、认证、标识体系。发展生态农业和有机农业，加快有机食品基地建设和产业发展，增加有机产品供给。到 2020 年，创建百家绿色设计示范企业、百家绿色示范园区、千家绿色示范工厂，绿色制造体系基本建立。

《规划》指出，将从设计、生产、再利用等多个方面进行绿色监管。要大力扶植企业进行绿色设计、绿色制造，并在包装过程中采用绿色材料或可降解易回收的材料。推行简约包装，并跟进包装的后续处理利用工作。从工厂做起实行绿色制造和绿色管理，将这一类型工厂连点成线、连线成面形成产业链，推广实施绿色工艺，经过一系列过程来形成我国自己的绿色制造业。

从这一系列的行动中可以看到中国对制造强国战略的重视程度。未来五年，是落实制造强国战略的关键时期，是实现绿色工业最重要的时期。人类共同面对着环境污染与资源短缺的问题，这要求全球的主要经济体都应走一条可持续的绿色发展之路。国家之间的竞争，很大程度上取决于对环境资源的利用率，所以为了提高国际竞争力，也应当注重绿色发展。全面实施绿色制造是制造强国建设的战略任务，也是推进供给侧结构性改革的重要举措。

第二章

经济发展"新常态"与
制造业的巨大转变

（一）世界经济的结构性困境

目前对于世界经济增长所面临的问题，主要有三种主流的解释方式。第一种解释认为，自 2008 年全球金融危机爆发以后，全球经济面临生产下滑、消费下降、商品价格降低的问题，使经济陷入几乎停滞的局面。虽然这种解释曾经占据主流，但是在全球经济问题背后，一定还有除了这些表象以外的更深层次的原因。第二种解释认为，在全球化的大背景下，经济发展已经进入了新的阶段，所以要解决全球经济问题，首先应该考虑全球化下共同治理的机制改善。第三种解释则在最近几年较为流行，即全球经济面临的问题主要来自于经济增长的结构性困难，因此各国应该达成共识，共同促进结构改革。在建立这一基础上，我们还应该考虑，结构性困难究竟指的是什么？造成经济困难的最根本结构问题是什么？为什么这种问题会出现在如今的发展阶段？这些问题是否和经济发展的周期性有关？只有回答了这些问题，才能更好地制定经济政策，管理好世界的经济发展。

笔者认为，世界经济面临着全球化发展的趋势，结构性困难是造成全球经济问题最根本的因素。具体的结构性困难有以下几点：

1. 全球产能过剩，总量失衡。

随着经济发展和科技创新，世界经济已经在新型生产方式和资源配置中得到了飞速发展，生产效率大幅提高，工业化和制造业的发展使经济产能水平迅速上升；同时由于产业结构的优化升级，人们对制造业的需求下降，所以全球的产能都处在过剩的状态。而经济危机爆发后，需求量进一步减小，各个国家采取的放缓经济的政策又进一步扩大了这种状态。尤其是在新兴市场国家，过于宽松的货币政策造成了严重的金融资源错配。要想解决产能过剩问题，解决当前全球化的供需不平衡，就需要各个国家在世界范围内进行合作管理。如果仅由各个国家单独进行危机应对，这种问题只会更加严重，而无法得到根本解决。

2. 新兴市场经济体供需结构不匹配。

全球经济之所以在过去的一段时间里发展迅猛，不仅仅是依靠发达国家强有力的带头作用，发展中国家可观的经济增长率也起到了重要的推动作用。但是度过了起初飞速增长的阶段以后，发展中国家目前已经到了经济转型与调整的时期。世界范围内，人们的生产和消费都产生了巨大变化，居民消费水平提高，恩格尔系数不断减少，服务业渐渐发展起来，个性化、高品质的产业越来越受到人们的推崇。但是在新兴市场国家，旧的供给模式还未进行改进，导致供给与新的消费结构之间产生了矛盾，有些地方甚至出现较为严重的不匹配情况。这一问题大幅度地制约了经济发展。

所以从上面的这两点我们可以看出，不仅仅是产能总量上产生了一定的问题，在供需结构上也遇到了难以避免的麻烦。供需总量、供需结构两者互相深化，导致全球经济的结构性问题越发突出。所以全球经济已经出现了深层的供给结构问题，亟待改善。

3. 全球发展结构不平衡，收入亦不平等。

全球消费增长的下滑虽然有经济危机的影响，但是更主要的还是来自于经济收入的不平等。皮凯蒂的《21世纪资本论》提出，欧美等发达经济体的资本回报率一直大于经济增长率。在此前提下，全球经济上升过程很不平衡，基尼系数不断上升，也就是说，财富在社会成员之间的分布越来越不平等，贫富差距逐渐增大。而金融危机的爆发使得这一现象更加明显，中产阶级的减少改变了社会阶层的分布和经济结构，全球财富的分配更不合理。瑞信研究院在2011年接近年底的时候发布了一项《2016年全球财富报告》，用数据指出全球财富实际上掌握在少数人的手中。报告中提到，全球86%的财产是掌握在最富有的阶层手中，而这个阶层只占全球成人数量的10%；反之，剩下的73%的人口数量只享有世界财富的2.4%。在原有的正在经历着经济转型的发达国家中，财富差距进一步扩大；而在新兴市场国家中，飞速发展的经济也同样造成了收入差距的拉大。众多中低收入人口的消费增长较缓慢，从而在整体上制约了全球经济的增长，导致消费对经济不再具有这么大的推动力。

4. 全球经济面临人口结构转变与老龄化困境。

进入21世纪以来，世界人口中的老年人比例不断扩大，国际社会已经是一个老龄化社会。如果依据65岁及以上为老年人的标准计算，2012年全球老年人占比为8%，2015年已经上升至8.5%。而根据美国人口普查局公布的《老龄化世界：2015报告》中指出，在2015年世界的老龄人口数量已经达到了6.17亿人，而其数量还将继续上涨，预计到2050年将达到16亿人。届时将有94个国家的老龄化人口占比超过21%，其中有39个国家的老龄化比例将达28%以上。造成老龄问题的原因有二：其一，第二次世界大战后的婴儿潮一代正成为如今的老年人；其二，率先进入老龄社会的欧美国家还未走出这个阶段，新的发展中国家也已经迈入了这个阶段，所以全球都已逐渐成为老龄社会。根据人口转折理论，老龄化社会的人口将会进入低生育率、低死亡率的阶段，并对经济产生重大影响：首先老龄人口的增多意味着劳动力减少，长远来看会造成生产率的下降；其次，老龄化和人口增长缓慢使越来越少的人们会去银行进行储蓄，这会影响投资行业的发展；最后，老龄人口的增多会使整体消费水平下滑。所以，看似寻常的老龄化趋势却会在生产率、储蓄率和消费水平三个方面对经济产生极为长远的不利影响。

5. 全球经济治理结构陷入困境。

金融危机以后，人们除了应对问题以外，更多地开始思考全球化的出路。贸易保护主义抬头、英国脱欧对欧洲一体化的影响、特朗普当选美国总统等现象，使我们迫切且必要深入考虑全球化与反全球化的问题。依照以往的经济理论，全球化机制中的市场驱动和科技创新都对全球经济发展有重要的推动作用。但是金融危机以后，贸易保护主义、民粹主义再到反全球化的思潮让人们不得不重新考虑，是否是全球化的道路出现了问题。笔者认为，倒不是全球化本身的问题，而是全球化发展到现在的阶段，产生了治理机制的问题。一是治理手段出现问题。大多数国家在危机发生之后，将重点放在货币刺激上，而没有优先去解决结构性过剩等根本问题，此谓治标不治本。二是治理过程中有结构上的不平衡不平等现象。新兴国家的权利、义务、诉求等未受重视，他们在全球经济增长和治理中的作用也被忽略，导致经济增长面临着更大的困难。三是原有的治理机制不足以应对新出现的问题，如发展过程中贫富差距的增大、资本的流动和监管、各国家之间货币及经济政策的协调等问题。这些矛盾一方面制约了全球经济发展；另一方面造成了逆全球化等思维的流行。

"冰冻三尺，非一日之寒。"以上的经济困境都是在全球经济发展的过程中逐渐产生并对现在的经济运行造成负面影响的。

所以要想引领全球经济找到出路，走出困境，我们需要做的是要对经济结构和治理机制进行改革，从根本上解决当前世界经济面临的问题。

（二）"新常态"下世界经济的新出路

很多事物都是具有周期性的，全球经济增长也不例外。在发展的漫漫长河中，如今的世界经济正处于新旧交接的时期，只不过旧的周期还未完全离去，新的周期也没有完全形成，这个阶段比较不稳定，甚至导致人们开始怀疑全球化的进程。唯一可以肯定的是，2008 年金融危机以后的很长一段时间，全球经济进入了可以称之为"新常态"的增长减速期，影响了世界经济内部的发展动力。世界经济需要从这个不稳定阶段过渡到新的周期即下一个平稳的常态中，世界经济需要完成从要素驱动增长到创新驱动发展的调整和转型，从传统的国际分工体系到全球价值链体系的转型和调整，以及从原有的治理方式到新规则的重构转型和调整。

世界经济的转型证明全球经济发展已经进入新的阶段。我们在分析世界经济发展的问题时除了要应用传统的斯密型增长模式以外，还要联系熊彼特式新模式。斯密型增长主要依靠的是生产分工，也就是说依靠分工来促进增长效率。笔者认为，斯密型增长在经济周期内很容易受到市场对分工的限制。所以突破限制的做法就是越过这一个经济增长周期，也就是从旧周期跨越到新的周期。在这个阶段我们应该放下刚刚的增长规律，转向熊彼特式，即通过技术和制度的创新，形成的新的生产模式，也就是说新的增长周期就此形成。熊彼特式增长看中的是创新发展，即利用创新来制造动力以带动经济增长，故而在周期内可以利用斯密型增长平稳发展，但是当分工受到了市场的限制以后，就可以采取熊彼特式模式，发展新的周期。所以在这个转型的过渡阶段，从斯密型增长到熊彼特式增长，依靠创新从上一个阶段到新阶段的任务就极为重要。其中尤其需要注意的，一方面是要通过技术创新形成新的生产方式和消费函数；另一方面是通过制度创新改善全球经济治理，并领导新规则的建立和完善。

当今世界经济发展进入"新常态"，经济变革正在朝着绿色化方向发展，特别是面对全球气候变暖和资源枯竭、环境恶化日益加剧的困境，全球产业绿色变革的趋势日渐明朗，突出表现在以下四个方面：

1. 从线型经济到循环经济。

"新常态"下，全球经济增长速度放缓，在这样的背景下，我们应该充分利用发展的缓慢优势，推动从线型经济向循环经济的转变，提高资源利用效率。线型经济发展模式，即"资源—产品—废弃物"一直是工业社会以来经济发展的主导模式，曾为西方国家快速推进和实现工业化和现代化做出过突出的贡献。然而资源的有限性和废弃物剧增带来的环境危害，使得这种经济发展模式不可持续。西方国家从 20 世纪 60 年代至 70 年代就开始寻找替代线型经济发展的新模式，循环经济模式应运而生。

循环经济是用技术创新和产业结构调整的方式，将粗放式发展模式下的废弃物进行循环利用，是一种整体性的产业变革，放弃利润最大化标准，转型追求生态性发展。在资源短缺的今天，发展循环经济，是人类文明健康、持续发展的必然要求。西方众多发达国家由线型经济向循环经济的转型发展较快，而中国的转型还处于初级阶段。实现经济转型的推进，需要我们全面变革发展理念、产业结构和科学技术。在资源短缺的今天，发展循环经济是唯一的出路，也必将使人类进入一个生态文明的新时代。

2. 从高碳经济到低碳经济。

建设生态文明是"新常态"的重要组成部分，因此实现绿色循环，促进高碳向低碳经济的转变，是发展的必由之路。发达国家实现工业化的主要动力来自于化石能源，这些能源在现阶段乃至相当长时期的未来也将主要承担着发展中国家的能源需求。由于燃烧化石能源排放大量温室气体导致全球气候变暖趋势的日益加重,西方国家从 20 世纪 90 年代开始寻求减少二氧化碳排放的路径,从《联合国气候变化框架公约》签署（1992 年）到《京都议定书》协议的达成,再到"低碳经济"概念的提出,西方社会终于探索出了一条从高碳经济转向低碳经济的路子。发展可再生能源（太阳能、风能、生物质能等）和清洁能源（水能和核能）就成为主要的发展模式。高碳经济向低碳经济的转型关系着人类永续生存、良性进化的前途命运及绿色和谐社会的构建。这次转型既是一场深刻的产业革命,又是一场深刻的社会革命,要走的路程还很漫长。

3. 从实体经济到互联网经济。

创新是应对"新常态"的核心内容之一,目前全球各国都纷纷推动实体经济向互联网经济转型,正是创新的突出表现。国际金融危机以来,世界各国,尤其是发达国家均把互联网经济作为促进发展的主要驱动力,移动互联网、大数据、云计算、物联网等新技术和业态开始全方位改变人们的生产、生活和交往方式。互联网经济已经成为全球最具颠覆性的产业形态。经济形态正在由实体经济向"互联网＋"转变。以我国国内情况为例,"互联网＋"概念在 2015 年全国"两会"上,第一次出现在政府工作报告中。"互联网＋"是着眼于中国工业化的现状,对传统产业形成具有变革意义的冲击和倒逼,用互联互通的机制来改造传统各行各业,刺激传统行业对生产要素、商业模式主动进行调整,从而推动我国经济社会全面转型升级。经李克强总理签批,国务院于 2015 年 7 月 4 日印发的《关于积极推进"互联网＋"行动的指导意见》指出,到 2018 年,互联网与经济社会各领域的融合发展进一步深化,到 2025 年,"互联网＋"新经济形态初步形成。这代表着我国经济发展正走在"互联网＋"新时代的道路上，推动了实体经济向"互联网＋"经济转型。① 2016 年 4 月，习近平在主持召开网络安全和信息化工作座谈会中强调："我国经济发展进入"新常态"，"新常态"要有新动力，互联网在这方面可以大有作为。要着力推动互联网和实体经济深度融合发展，以信息流带动技术流、资金流、人才流、物资流，促进资源配置优化，促进全要素生产率提升，为推动创新发展、转变经济发展方式、调整经济结构发挥积极作用"。②

4. 从传统制造到绿色制造。

"新常态"下推动制造业向绿色制造转型是解决经济在"常态"发展状态下造成的资源环境问题的重要途径。制造业是立国的根本、兴国的利器、强国的基础，是推动经济发展的中流砥柱。自从工业革命开始，世界强国的发展路径就足以说明，制造业的强大与否，在很大程度上决定着国家的兴衰。绿色制造就是再制造，是利用先进技术手段对废旧产品进行修复、改造，实现再利用的一种产业。首先，绿色制造成本低，通过再制造技术延长产品寿命，成本不到原来的50%；另外，绿色制造可以节能60%、节约材料70%、减少气体和水污染80%。③ 鉴于这些优点，再制造已经成为世界制造业新的业态。许多西方国家经济树立起"使用再制造产品就是保护环境"的理念，引导和加速传统制造向绿色制造转型。由传统制造向绿色制造转型主要体现在四个方面的转变：一是制造业的驱动方式将从成本、投资等要素转向科技创新；二是企业间的竞争方向不再局限于成本优势而更在于环境及社会效益；三是传统的粗放转型为绿色制造；四是服务型制造开始代替生产型制造。

---

① "国务院印发关于积极推进'互联网＋'行动的指导意见"，新华网，2015 年 7 月 4 日，news. xinhuanet. com/fortwne/2015 – 07/04/c – 1115815942. htm。

② "习近平：在网络安全和信息化工作座谈会上的讲话"，人民网，2016 年 4 月 26 日，cpc. people. com. cn/nI/2016/0426/c6494 – 28303771. html。

③ 叶国杰、陈成锋、伍伟杰：《绿色制造在企业中的应用》，载于《新技术新工艺》2007 年第 10 期，第 5～8 页。

目前我国的制造业在全球还没有处在领先地位，在品牌创造能力、科技含量、产业结构、资源利用率等方面还存在很大的提升空间。我国是世界第一制造业大国，占全球比重从 1995 年的 4% 上升至 2013 年的 20.8%，连续四年保持世界第一大国地位。但是我们的问题是大而不强，人均规模不及美国、德国、日本的 1/3。制造业已经向全球化、信息化、服务化方向迈进。现在正处于转变原有的模式和结构和新科技革命交融的时期。是否能把握好这个关键节点，做好制造业的转型对我们的经济发展十分重要。目前国家十分重视再制造的发展。2015 年国务院制定推出《中国制造 2025》，为中国制造业从传统制造向绿色制造转型设计了未来 10 年规划和路线图。坚持"创新驱动、质量为先、绿色发展、结构优化、人才为本"的基本方针。

二、绿色制造在世界经济变化中的角色

（一）制造业绿色转型与世界经济大环境

历史与现实告诉我们，没有强大的制造业就不可能成为世界强国。制造业对工业化起着关键性作用。然而在 20 世纪中叶和 70 年代曾发生两次产业转移，以美国为代表的发达国家为了培育新产业，增强竞争力，将劳动和资本密集型的产业转向国外，使得经济结构中制造业的份额大幅降低，甚至造成了产业空心论的诞生。但是金融危机让美国认识到，没有制造业，经济很难支撑下去。所以 2011 年，美国政府正式启动了"先进制造伙伴计划"，提出"在哪里发明、在哪里制造"的口号。制造业再次赢回了自己的主力地位，发达国家走上了"再工业化"的道路，并通过工业革命，用"智能制造""再工业化"等方式重新扶植制造业的发展。如德国工业 4.0、美国"先进制造业国家战略计

划"、日本"科技工业联盟"、英国"工业 2050 战略"，2015 年
5 月 8 日，国务院公布中国版的"工业 4.0"规划—《中国制造
2025》，力争用十年时间，迈入制造强国行列。

1. 为什么制造业如此重要？

全球百位思想家之一瓦科拉夫·斯米尔曾在其《美国制造：
国家繁荣为什么离不开制造业》一书中写道："如果没有一个强
大而且极具创新性的制造业体系，以及它所创造的就业机会，那
么，任何一个先进的经济体都不可能繁荣发展。"① 世界各国的
发展经验告诉我们，对任何一个现代经济体来说，制造业都是一
个关键的组成部分，其重要性远非其对 GDP 的贡献率所能反映
出来的。况且，制造业本身又是由很多相互关联、相互依赖的元
素构成的，因此制造业的命运自然也就依赖于诸多因素。这些因
素又共同影响着一个国家的政治、经济、法律、教育、社会和医
疗体系的总体面貌。举个简单的例子，经济危机后发达国家大多
经济低迷，唯独德国不在此列，甚至还有较高的经济增长率。德
国正是依靠制造业出口才取得了如此成绩。德国制造业出口贡献
了国家经济增长的 2/3，是位列全球第二的出口大国。制造业的
劳动力成本较高，发达国家大多愿意将制造业外包，但是这一点
却并未限制德国制造业的发展，其原因就在于德国长期坚持企业
特色，促进企业创新，攻占高精尖市场。德国在 2005 年的政策
直接导致了施罗德政府倒台，但是德国政府依然坚持政府、企业
与员工紧紧捆在一起，政府通过企业减少薪水、政府补贴、保障
就业等鼓励人们就业，保证他们拥有工作岗位。虽然这种做法并
不符合市场的规律，但是长期来看一方面减少了企业的开支；另
一方面又稳定了就业率。根据 OECD 国家 2009 年度报告，此项
政策推行后，德国在经济萧条中保住了约 50 万个工作岗位。

---

① 瓦科拉夫·斯米尔：《美国制造：国家繁荣为什么离不开制造业》，机械工业
出版社 2014 年版。

　　根据我国国内学者的相关研究发现，经济发展与制造业的发展水平之间存在着一定的正相关关系。改革开放以来，随着我国经济社会的快速发展，区域之间的发展不平衡逐渐显现。林毅夫（1998）、胡鞍钢（1995）、章奇（2001）等众多学者都对此作出了比较分析，结果趋向一致：我国各地区之间的发展是不平衡的，而1990年后这个差距还有所扩大。林毅夫（1998）分别调查了中部、东部，以及西部三个地区的人均 GDP 及差异情况并进行比较，发现三者之间的差异位居第一，而且该差异越来越明显。魏后凯（2001、2002）研究了我国制造业发展过程中存在的差异问题，提出改革开放以后我国各个省市区之间的制造业水平也存在差异，并且西部地区和东南沿海地区的差异正在不断扩大。将上述两种调查联系起来看，我们还可以发现，区域之间的经济差异和制造业差异是相关的。凌冬梅就验证了这两者的一致性和关联性。与此同时，城市发展中的结构优化和经济转型也对制造业产生了影响。服务业逐渐成为中流砥柱的趋势已经无法阻挡，但是金融危机以后，众多国家对制造业的再次扶持也是不争的事实。所以在今后的城市发展中，我国应如何应对现在大多数城市仍是第二产业为支柱的情况？制造业应该保持多大的比例？制造业应该迁出城市中心，还是应该有选择的保留？这些问题都需要再进一步思考。

　　在世界大都市发展中，虽然制造业所占的比例已不如从前，但这并不代表制造业已经退出了历史舞台；反之，制造业仍然在发展，并且已经引领了很多国家制造业和服务业双引擎的局面，纽约和伦敦就是极好的例子。虽然制造业的比例下滑了，但是制造业的地位却很稳定，对国民经济的贡献也很大。新加坡同样作为一个国际大都市，从当初的第三转口国到现在的金融、制造、外贸多元并存的转型中，保证了制造业稳定的地位和作用。

　　2. 为什么世界大都市重视发展制造业？

　　政府愿意发展和扶持制造业，说明制造业是符合如今可持续发展之路的，尤其在世界大都市中，政府尤为重视发展制造业。具体来看有以下几点原因。

第一，制造业可以创造巨大的经济效益和财富，这对于任何一个政府和国家都具有极大的吸引力。世界银行《2009 年世界发展指数报告》中指出，2007 年世界工业增加值占总 GDP 的比重为 28%，其中制造业增加值占总 GDP 的比重为 18%。而世界贸易组织《国际贸易统计 2009》指出，2008 年世界服务贸易额在总贸易额中的比例不到 20%，在经济危机的大背景下，全世界货物贸易量仍然保持 1.5% 的增长率，达 15.33 万亿美元，其中由制造业创造的贸易额达 68.22%，是世界贸易额最重要的来源。极具潜力的制造业，对每一个城市来说都是不可或缺的重要发展因素。

第二，制造业奠定了城市转型服务业的基础。虽然服务业占据着越来越主流的地位，但是制造业依然是社会经济发展不可失去的支柱产业。所有的科学发现和科技发明，都需要通过具体的制造业来转化成生产力，从而对社会经济做出贡献。联合国开发计划署给出的 2005 年投入产出表中表明，即使是最低影响力的焦炭、精炼石油产品及核燃料，制造行业每增加一个单位，最终使用时也会对服务业产生 0.4362 的需求拉动。只有以制造业为依靠，我们的城市才可能更好地向服务业转型。纽约、芝加哥和洛杉矶在成为如今的国际化大都市之前，分别是轻工业、重工业及电气化机械等制造业的中心，这一点就足以表明制造业在该转型中起到的载体作用。

第三，制造业创造了大量的就业机会。城市发展若是只注重高学历高素质人才的就业问题而忽视其他社会阶层，将极不利于社会稳定和发展。在纽约，30% 无高中文凭的市民在工业部门就业，占就业总人口的 58%，而非工业部门中超过 65% 的就业人口的教育程度达高中以上，工业部门中只有 42%，同时工业部门是吸纳英语欠熟练人口就业的重要部门，其中 18.5% 的就业人口英语欠熟练，而非工业部门中仅近8%的就业人口英语欠熟练。伦敦的失业率受到制造业迅速衰减的影响而急速上升，比英国的平均失业率还要高，且多次超出警戒线，达到9.1%。[①]

第四，制造业和服务业双引擎可以保证在经济周期交替阶段，城市的经济可以稳定平缓地过渡。美国的芝加哥市曾经历过制造业几乎全面缩水的情况，制造业全部外迁，人口从1950年的360万人降为1990年的280万人。但是芝加哥人走上了自己的复苏之路，选择制造业和服务业双引擎来带动发展。除了保持服务业的增长势头以外，他们还注重多元化制造业的发展，包括高科技行业的制造业，食品加工、出版印刷等传统行业。目前芝加哥的生产总值位居全美第一；同时，芝加哥的通信设备业、重型机械业、照明和电气设备业、医疗器械业、金属制造业、塑料业、食品加工业、生产技术业均排名全美第一，形成了现代服务业和制造业并存的结构。相反，2008年的金融危机中，伦敦大都市区GDP增长 -4.4%，就业增长 -2.2%，居民收入增长 -2.8%，海外移民两年之内下降近6成。

（二）制造业成为经济发展动力引擎

1. 绿色制造是改变经济发展方式的内在要求。

世界各国现在已经达成共识，制造业为主的实体经济可以在真正的物质获取及加工制造的基础上保证国家经济健康平稳增长，实体经济是否发达也是国家竞争力的主要体现。金融危机之后，大多数国家都重新走上了发展制造业的道路。但是面临着越来越严重的环境问题和资源短缺问题，各个国家需要做的是选择一条正确的、可持续的发展之路。"绿色经济"的概念便由此诞生。我国同样也将发展绿色经济作为国家的发展战略，我们愿意

[①]   江曼琦、席强敏：《制造业在世界大都市发展中的地位、作用与生命力》，载于《南开学报（哲学社会科学版）》2012年第2期，第124~132页。

同世界各国一道，通过创新科技、创新体制的方式，为节能减排、保护环境做出自己的贡献。所以在这样的大背景下，作为支柱产业的制造业能否符合"绿色发展"的要求，该怎样发展才能符合"绿色发展"的要求，对于世界各国都是值得深思的问题。

制造业作为全球经济竞争制高点，受到了各国的高度重视。纵观全球经济，制造业已成为创造人类财富的支柱产业，但与此同时它又是环境污染的一个大源头，如处理不当，势必会对环境造成危害。首先，制造过程是一个复杂的输入输出系统，输入的资源分别转化成为产品和排放废物，造成一定的环境污染。传统制造业采用粗放型的制造生产方式，用大量消耗能源和资源并对环境造成破坏的方式为人类创造效益。20世纪中叶，第二次世界大战后的各国努力恢复本国经济，工业规模日渐扩大，然而由于当时环境意识的欠缺，70年代以来，工业污染所导致的全球性环境恶化已经成为一个严峻的现实问题。在环境日益恶化的今天，每个国家都更加重视对生态和资源的保护。1972年，在斯德哥尔摩举行的联合国人类环境研讨会上，针对保护环境与经济发展的关系正式提出和讨论了"可持续发展"这一概念。随后不同国家和组织对这一概念进行了一系列的阐述和研究，认识了其重要性。因此，在可持续发展的理念下，制造业面临着减少排放和污染的重大挑战。一种符合环保要求的节能降耗、少污染的、包含可持续发展思想的生产模式逐渐产生，即绿色制造。绿色制造是从传统制造业的弊病出发，从全方位的角度来看待产品的生命周期，从源头入手对产品进行绿色设计、从过程保证对产品进行绿色生产，同时跟进后续的装配、包装、再利用等方面。在整个制造产品的阶段中，要保证尽量少消耗资源、少污染环境，并使企业在追求经济利益的同时兼顾自己的环境和社会责任。毫无疑问，当前世界上正掀起一股"绿色浪潮"，传统的制造业正在发生变化，变化的方向就是绿色化。要大力推行绿色技术，采用绿色原材料，坚持绿色设计、绿色生产、绿色包装，并在此基础上建立信息共享平台，辅以国家政策和法律的支持。在此前提下，任何不符合绿色发展要求的企业都将在人们的反对和法律的控制下被市场淘汰。绿色制造是一个动态概念，绝对的绿色是不存在的，它是一个不断发展永不间断的持续过程。在全球范围内得到广泛认可的"大制造"概念几乎包括了一切生产工业产品的制造业，如机械工业、化学工业、冶金工业等。因此，绿色制造将渗透到每一个工业的方方面面。

2. 绿色制造是我国绿色发展的实践方式。

第一，实施绿色制造是当今世界制造业前进的主流方向。绿色制造是可持续发展战略在制造业中的体现，旨在发展新的科学技术，通过新科技提高人类生产水平，与此同时还要兼顾环境效益，很好地促进了国际社会践行可持续发展之路。美国政府较早地将绿色制造视为下一步的主要竞争和改革方向并采取了措施，1999～2001年，美国国家科学基金会协助美国世界技术评估中心成立了专门的环境友好制造技术评估委员会，深入研究分析了欧洲和日本等发达国家及地区的企业、学校、政府等在绿色制造方面的前沿动态、技术革新和政策设定，并在和本国的现状进行对比研究后得出结论——美国已经不占据优势，亟须进行改变。在我国，《国家中长期科学和技术发展规划纲要（2006～2020)》把绿色制造明确列为制造业领域发展的三大思路之一。纲要提出我国应大力推广绿色制造，放眼产品从设计、生产到销售、循环、再利用的全部产品生命周期，将绿色制造的思想融入这个周期的全过程，注重节能、环保、低耗能、高效益，争取让我国的制造业水平名列世界前茅。

第二，绿色制造可以带动我国的循环经济发展。党的十六大提出将可持续发展列入全面建设小康社会的基本奋斗目标，即"可持续发展能力不断增强，生态环境得到改善，资源利用效率显著提高，促进人和自然的和谐，推动整个社会走上生产发展、生活富裕、生态良好的文明发展道路。"2006 年 3 月发布的《国民经济和社会发展第十一个五年规划纲要》中，"建设资源节约型、环境友好型社会"被列入"十一五"时期的重要任务之一。建设资源节约型、环境友好型社会，就是在社会建设的方方面面，在经济发展的整个过程中，都要减少不必要的资源消耗，尽可能地少浪费资源、少污染环境，但还要最大限度地保证人类可以获得足够的经济效益和社会效益。国务院在 2006 年工作要点中明确指出，发展循环经济是建设资源节约型、环境友好型社会和实现可持续发展的重要途径；要大力发展循环经济，在重点行业、产业园区、城市和农村实施一批循环经济试点；完善资源综合利用和再生资源回收的税收优惠政策，推进废物综合利用和废旧资源回收利用。在这种资源生产—产品生产—产品消费—产品废弃—资源再生产的循环过程中，想让整个体系成为一个封闭的循环结构，重中之重就是最后的再生环节，没有了它，整个系统都将不复存在。所以资源再生产已经成为制造业产业结构中非常重要的一个部分。

绿色制造主要就在于全面把控产品的整个生命周期中，是否做到了从设计到生产再到销售、利用、再生的绿色化，即资源消耗少、环境污染小、利用效率高、对人体的危害小等。因此，绿色制造是落实《中华人民共和国国民经济和社会发展第十一个五年规划纲要》提出的建设资源节约型、环境友好型社会，发展循环经济政策的关键配套技术。

第三，绿色制造是实现我国节能减排目标的有效途径。我国经济增长是以牺牲环境和对能源的过度消耗为代价的，依据 1999 年的数据，我国每百万美元国内生产总值的二氧化碳工业排量是 3 077.7 吨，是同期日本的 11.8 倍，印度的 1.4 倍，位居全部 60 个国家（或地区）中的倒数第三位。可见，我国的环境竞争力是非常低下的。根据《洛桑报告》的指标，2001 年，中国国内生产总值增长 7.3%，但除去能源消耗后的国内生产总值净增长率为 5.79%；2000 年，中国国内生产总值增长 8.0%，除去能源消耗后的国内生产总值净增长率为 7.16%。通过两年的数据对比，明显看出中国的能源消耗处于快速增长状态，中国经济对能源的依赖持续增加。

《中华人民共和国国民经济和社会发展第十一个五年规划纲要》提出"十一五"期间单位国内生产总值能耗降低 20% 左右，主要污染物排放总量减少 10% 的约束性指标。新华社 2006 年 8 月 31 日授权发布的《国务院关于加强节能工作的决定》明确规定，到"十一五"期末，万元国内生产总值能耗下降到 0.98 吨标准煤，平均年节能率为 4.4%，重点产品单位能耗总体达到或接近 21 世纪初国际先进水平。从 2006 年开始，实施单位国内生产总值能耗公报制度，该制度要求每个省都有一定节能降耗指标，由政府出面和重点企业协商并签订责任书。国家、各级政府及企业都不得不将节能降耗减排放入自己的日常工作中加以重视，使我国一度出现了节能减排的痴迷之举。对于企业来说，进行绿色制造、采用绿色技术和绿色工艺就是完成节能降耗指标的一个主要方式。

第四，推广绿色制造是突破国际贸易壁垒的需要。随着中国加入世界贸易组织，世界经济的一体化，传统的非关税壁垒被逐渐削减，绿色贸易壁垒以鲜明的时代特征正日益成为国际贸易发展的主要关卡。绿色贸易壁垒包括环境进口附加税、绿色技术标准、绿色环境标准、绿色市场准入制度、消费者的绿色消费意识等方面的内容。将环境保护措施纳入国际贸易的规则和目标，是环境保护发展的大趋势，但同时在客观上导致了绿色贸易壁垒的存在。我国是世界上最大的发展中国家，在发达国家建立的绿色壁垒面前，已经付出了较大的代价。联合国的一份统计资料表明，我国每年有 74 亿美元的出口商品受绿色壁垒的不利影响。许多专家纷纷提出突破绿色贸易壁垒的措施，如积极实施 ISO14000 和环境标志认证、积极参与国际环境公约和国际多边协定中环境条款的谈判及加强环境经济政策的研究和制定等。同时，专家普遍认为，提高科技和生产力水平是突破绿色贸易壁垒的基本手段之一。推广应用绿色制造技术将实现我国企业出口产品技术革新，提高出口产品的环境意识水平，有助于突破绿色贸易壁垒，从而促进出口贸易，拉动相关产业发展。

第五，实施绿色制造是全球绿色产品消费趋势的需要。很多企业都愿意花费大量的精力来发展绿色产品，因为他们意识到这将会是未来企业的竞争优势。例如，柯达公司研制了名为"相迷救星"的新型相机，87%的重量可回收；由 MCC 等著名电器公司发起的"电子产品和环境"年度研讨会已经成为 IEEE 最有影响的学术会议之一；海尔集团在 2003 年就开发出了不用洗衣粉的洗衣机。自 2006 年 8 月，绿色和平组织开始推出绿色电子产品排行榜，据 2008 年第 10 期排行榜统计，大部分企业正在逐步改善产品的有毒物质及其回收。政府政策方向的把控和人们可持续意识的日益增强，使得人们的消费观念渐渐改变，而绿色商品也逐渐成为消费者的首选。企业也渐渐进行绿色制造的革新，对产品进行绿色设计和绿色生产，减少对环境的污染和对资源的消耗，在这一方面重新建立企业的竞争优势。所以从这一大环境来看，政府、公众和企业都应该将绿色制造列为下一步的重要发展方向。

（三）绿色制造成为经济变化风向标

国际上，绿色制造有关内容的研究可追溯到 20 世纪 80 年代。1996 年美国制造工程师学会发表了关于绿色制造的蓝皮书，1998 年又在国际互联网上发表了绿色制造发展趋势的网上主题报告。近年来，美国、欧洲等发达国家和地区已经投入了大量的资金、人力和资源来研究绿色制造。不管是国内还是国外，无论是发达国家还是发展中国家，绿色制造已经成为一个广受关注的名词，各个国家地区都在向绿色制造这一新的方向迈进。全世界各地形成了专门研究绿色制造的研究中心和研究机构。比如：加州大学伯克利分校绿色设计与制造联盟；麻省理工学院环境友好制造小组；乔治亚理工学院可持续设计与制造小组；密歇根理工大学可持续发展研究所；卡内基梅隆大学绿色设计研究所；耶鲁大学工业生态研究中心；密歇根州立大学绿色制造研究团队；加拿大温莎大学环境意识设计和制造实验室；剑桥大学可持续制造研究团队；英国可持续设计中心；德国斯图加特大学生命周期工程学院；澳大利亚墨尔本皇家理工学院设计中心等。在我国，近年来绿色制造及相关问题方面的研究机构也比较多，目前包括重庆大学制造工程研究所；清华至卓绿色制造研发中心；装甲兵工程学院装备再制造技术国防科技重点实验室；合肥工业大学绿色设计与制造工程研究所；上海交通大学生物医学制造与生命质量工程研究所；山东大学可持续制造研究中心等。随着我国经济发展进入"新常态"，我国工业经济由高速增长到中高速增长的转折点已经到来。在这一时期，应驾驭"新常态"，以更大的勇气和精力推进制造业提质增效升级。在国内外的研究中心和广大学者的努力下，绿色制造领域已经取得了丰厚的理论成果。

1. 绿色制造运行的理论基础。

其理论基础主要包括理论模型和方法。绿色制造蓝皮书中指出，想要落实绿色制造必须经历较长时间的可持续发展，其实施过程有几个重要的特点。一是企业的领导层应该支持企业发展绿色制造。企业的高层在一个企业中起到的是决定发展方向、制定发展方略的重大决定，所以绿色制造能否成功实行，他们的决定至关重要。二是要有强有力的实施团队。因为仅仅靠专业人士研究的高精尖科学技术和制定专业政策是远远不够的。他们可以在技术上起指导作用，在决策上起规划作用，但是在真正实施过程中，每一个工人、销售人员和服务人员都是一分子。所以要想成功实行绿色制造，每一个人都必需付出自己的努力。在这种情况下，首先应该让所有人的目标一致并且明确，这样才能在明确的团队目标的指导下，发挥出团队的最大作用。任何情况下都要注意让团队成员着重于解决具体的问题，并且对他们提供必要的帮助和培训。必须让整个团队都用相同的方式来解决问题，比如说面对问题时一起采用先讨论、再实施的流程，也可以让所有人用同样的量化标准，生产过程应排放多少废物，回收过程中再利用率应该达到多少，它们应该是一致的。三是在选择绿色制造的项目时多花点时间和精力。要争取让团队尽快地完成一个项目，这样可以使项目可以更高效地完成。其实每一次绿色制造都是集多方之力的长期过程，也就从侧面说明了这并不是靠某个人、某个企业一己之力就可以实现的。但是在这个长期的过程中，各方可以逐渐积累经验、吸取教训，也有利于下一步发展。四是建立企业文化。企业文化可以极大地影响企业中每个员工的理念和企业的整体发展方向，所以从企业文化上树立绿色制造的理念，并建立相关的奖惩制度可以有效地推动绿色制造的发展。

麻省理工学院在对美国、欧洲、日本共 50 多家企业进行调查研究后形成的报告中指出，这些企业的绿色制造在科研和应用方面都还存在各种不足，对环境的保护和资源的节约力度还应继续加强；同时该调查研究对比了美国和其他国家的绿色制造现状，指出美国的发展水平不如其他国家；并提出现在绿色制造面临着没有同一个评价标准、不能针对每个行业的特色进行规划等问题。

乔治亚理工学院 BRAS 教授将绿色制造工程分为几个阶段：末端处理与环境工程、污染预防、环境意识设计与制造、工业生态、可持续发展；并指出推动企业实施绿色设计的因素有很多，主要包括相关法律法规、客户绿色需求、绿色标志认证及 ISO14000 认证等；并提出企业可以从两个方向推动绿色制造，第一个方向是革新原有的技术和工艺，第二个方向是要建立专门的组织机构来保障绿色制造的实施。

建立在分析研究绿色制造理论模型和方式方法的基础上，企业可以更好地认识到绿色制造的意义并对下一步的实施起到切实的作用。

2. 绿色制造运行的实践基础。

绿色制造理念不断深化，其理论也在不断发展，当下绿色制造的理论转向实践就显得尤为重要。目前，无论是发达国家还是发展中国家都积极迈向绿色制造之路，绿色制造的路径大同小异，基本都是从政策、标准和法律等方面作为通向绿色制造道路的路标。比如在发达国家划定 ISO 环境管理体系系列标准、欧盟的 RoHS 和 WEEE 指令、德国"蓝天天使"绿色产品标志计划、美国"能源之星"等产品环境认证。由于世界范围内水、土、资源全面匮乏短缺，我国将绿色制造作为重大战略以应对资源能源匮乏。在当前全球范围绿色理念的大趋势下，国家、政府、企业，以及广大消费者都以绿色为主题，政府部署绿色发展战略、企业制订绿色制造计划，消费者树立绿色意识，形成一套自上而下的自觉绿色理念，这对绿色制造的大力发展起到了强大的促进作用。绿色制造的产品从生产过程、生产材料、产品使用全过程对生态环境不会产生污染或者只有极少的污染，甚至在废弃后还能回收再制造或再利用。可以看出，绿色制造的绿色产品更适合当今社会人们的需求，随着科学技术的发展，以及国家政策的绿色导向，绿色产品最终会成为市场中最普遍的主导产品。乌克兰国立技术大学与浙江工业大学合作，利用激光加工技术能在绿色制造中发挥高效、优质、低耗等独特的优势，开展了众多研究，并取得了如下成果：自主研发出抗（水）汽蚀、抗高温、抗腐蚀磨损三个系列的激光专用粉体材料；提出超音速激光沉积以及电磁协同激光加工、激光组合增材制造等复合强化技术。目前，世界上有几十个工业生态园项目在规划或建设之中，其中多数是在美国，欧洲的奥地利、瑞典、荷兰、法国、英国及亚洲的日本等国。国外许多公司已经将绿色制造应用于生产实践，如：

德国西门子公司：改善材料和机械加工过程；生成无铅和无

氯的产品；在降低成本的基础上，进行面向环境的产品设计；回收和利用报废的电器产品；对实施 ISO14001 没有具体的政策，但要根据顾客的要求制定正规的环境规范；实施产品生命周期评估。

日本丰田公司：为 450 家供应商建立了环境采购规范；高度重视加工过程中的油漆工艺；构件一整套生产过程中废物的标准，不断加强对废弃物和垃圾的处理，减少生产过程中的垃圾废弃物。

美国福特公司：在汽车的生产阶段减少能耗；选择轻量级材料制造汽车；成立专门的小组研究汽车从设计生产到销售回收的生命过程，按照绿色设计的原则估算生产可能造成的环境污染和能源消耗；将回收利用列入企业的思考范畴。

日本日立公司：对无铅焊接进行研究；界定了产品的回收方式，使产品的设计者可以在产品生命周期的初始阶段就考虑到产品的回收问题；开发了一套完备的信息共享平台。

国内绿色制造的实践领域也有较好的发展基础。改革开放以来，我国制造业获得突飞猛进的发展，尤其是 2010 年以来，我国制造业占全球比重跃居世界第一，进入世界制造大国行列。为进一步推进我国制造强国建设进程，2015 年 5 月国务院推出了《中国制造 2025》战略。绿色制造离不开科学技术的进步，而科学技术的快速发展离不开国家政府的大力支持，包括高校和研究机构的深入探索。我国目前绿色攻关项目众多，机械科学研究院已经实现了清洁技术选择与数据库的建立等"九五"项目。机械产业曾是高污染的工业，研究所对机械产业全面调查研究，包括其中几个行业的绿色技术需求和绿色设计的发展趋势，最终构建出机械产业与绿色设计理念高度融合的技术体系，与此同时车辆的拆卸和回收技术的研究也正在进行。目前我国正在开展国家自然科学基金项目"环境绿色技术评价体系的研究"，整个体系的研究在于如何进行绿色技术评价，绿色技术评价体系从绿色概念的建立进而将 ETV 评价技术用于考察绿色设计、绿色制造，最终形成机械产业的绿色 ETV 评价体系。我国高校已经开始注重绿色创新，清华创建绿色工程项目，甚至与美国先进制造实验室搭建友谊桥梁，进行长期合作研究，已经在绿色设计理论和方法的系统研究中，取得了重大突破。上海交通与 Ford 公司也早已形成合作关系，在汽车行业的绿色化研究中重点突破废弃汽车的回收工程，并与内贸部中国物资再生利用华东分公司合作，撰写了"探讨中国汽车销售、维修、二手车交易及回收利用一条龙管理模式的可行性报告"；华中理工、浙江、北京航空航天等高校也激流勇进，投身于绿色制造技术的研究中。整体上看，在我国政府的战略部署下，各大高校、研究院所已经积极投入到绿色发展的建设中来，逐渐形成了专业的绿色制造队伍，为我国甚至全球绿色制造的发展起到了举足轻重的作用。

三、中国制造从传统到绿色的转变

（一）从传统制造到绿色制造的中国特色

1. 我国制造业转变的方向。

近年来我国在制造业方面高速发展，制造业逐渐在国际中占有重要地位，成为制造大国。但是，由于全球生态环境的急剧变化，资源、能源的全面匮乏，并且新时代的市场中制造业格局也千变万化，种种原因迫使中国制造业必须要着眼于全局，从横向和纵向的立体化维度分析制造业的发展规律，准确把握时机，顺应时代潮流。目前来看，传统制造业必须向绿色制造转型，这是世界大环境趋势，向绿色制造转型的动力在于绿色技术研发，以及绿色设计、绿色生产、绿色消费等各个环节之间相互联动。中国正面临着众多的风险和挑战，但是在这种境遇下也潜藏着进军世界领先绿色制造业的巨大机会，中国从传统制造业向绿色制造的转变主要是从以下几个方面开始展开的。

（1）经济创造能力显著增强。中国制造业从 2006 年开始逐渐成为世界的领军产业，经济的创造能力逐渐增强。2009 年，中国制造业增加值达 110 118.5 亿元，直接超越美国，居全球首位，2012 年，我国制造业增加值比美国制造业多 1.26 倍，处于全球第一的地位。从 2004 年至 2011 年，中国制造业增加值由 51 748.5 亿元上涨到 150 597.2 亿元，年均涨幅为 16.5%，制造业增加值占工业增加值的比重稳定在 80% 左右，占 GDP 的比重稳定在 32%，[①] 可以明显看出，在我国的经济高速发展过程中，制造业起到了至关重要的作用。

（2）科技创新能力大幅提升。中国制造业能够逐渐处于世界领先地位，离不开政府对科技创新的投入。近年来，我国加大对制造业有关的科学研究和技术创新开发的投入，2012 年的投入比接近于 2003 年的 3 倍；2003 年至 2012 年，制造业的研发与投入人员和制造业研发与投入经费内部支出年均涨幅分别为 3.76% 和 14.59%。正是因为国家对科学技术进步在制造业中的作用有重要战略部署，加大投入比率，才使得我国制造业的创新能力大幅度提升，2003 年中国按国际专利标准分类的专利授权数为 106 060 件，2012 年达到 788 280 件，年均涨幅为 24.97%，"三方专利"授权数量由 2003 年的 1 458.7 件大幅上涨至 2012 年的 18 573.3 件，年均涨幅为 32.66%。[②] 正是由于我国科学技术高速前进，创新能力大幅提高，才使得我国在众多创新强国中占有一席之地。

（3）能源节约能力有所增强。我国制造业增加值的高速增

---

① 刘军、程中华、李廉水：《中国制造业发展：现状、困境与趋势》，载于《阅江学刊》2015 年第 4 期，第 17 页。

② 刘军、程中华、李廉水：《中国制造业发展：现状、困境与趋势》，载于《阅江学刊》2015 年第 4 期，第 20 页。

长过程中，能源消耗的总量必然也是在高速增长的。能源的消耗主要体现在煤能源的使用上，我国对煤的使用一路高涨，不仅如此，对电力的消耗也成倍增加，对此类不可再生资源的依赖和过度使用在促进制造业发展的同时也导致了资源枯竭、环境污染。近年来，这种情况呈逐渐好转趋势，从近十年的分析来看，我国制造业的能源消耗虽然在持续增加但是单位产值能源消耗却不断下降，这说明我国也逐渐重视制造的绿色化，减少了对能源的依赖和消耗，提高了利用效率。

（4）环境保护能力不断提升。制造业的高速发展，同时也带来了垃圾污染排放的增加。以大气污染为例，在制造业中对大气影响最大的污染性气体是二氧化硫，尽管随着制造业增加值的高速增长，二氧化硫的排放是呈现增加的趋势，但是就单位产值二氧化硫或者其他污染物的排放呈现减少的趋势可以看出，我国一直致力于传统制造业向绿色制造业的转型，不断降低制造业对环境的污染。

2. 我国制造业转变过程中的中国特色。

《中国制造 2025》是适应国际竞争的迫切需要。我们可以很骄傲地说，中国制造业规模现在是全球第一。在世界 500 种主要工业品种中，中国有 220 种产品居世界第一。但是，规模强大就等于实力强大吗？李克强总理在《求是》发表的文章中指出，"促进中国制造上水平，既要在改造传统制造方面补课，又要在绿色制造、智能升级方面加课，加快 3D 打印、高档数控机床、工业机器人等智能技术和装备的运用"。中国制造实施的关键还在于发展智能制造，以科技引领制造业的蜕变。制造业是推动中国经济社会的重要动力，也是我们赖以在世界市场中占有一席之地的王牌。中国从传统制造向绿色制造的转变主要围绕着几个方面展开，在转变过程中展现着中国特色。

（1）由要素驱动向创新驱动转变。党的十八大以来我党提出全面建成小康社会，在《国家"十二五"科学和技术发展规划》中，把创新驱动发展作为根本任务，强调中国特色自主创新道路及实施创新驱动发展战略是全面建成小康社会的重要手段。中国虽然长期占据世界制造业的首位，但是科技含量不高，创新能力不足。尤其是随着科学技术的进步，世界经济的不稳定极容易造成制造业格局风云变幻，中国不再像以前一样拥有大量的低成本劳动力，资源消耗大、环境破坏严重的情况并没有实现质的改变。可见我国如此大而不强的制造业亟须顺应时代，一改传统要素驱动，逐步转向创新驱动。未来制造业的发展将会紧紧依靠科学技术的进步，所以我们必须迅速地摸索出具有中国特色的科技创新道路。

（2）由粗放制造向可持续制造转变。目前，我国制造业的生产方式较为粗放，能源消耗、环境污染都随着制造业增产而增加，虽然单位能耗和污染量逐渐减少，但并没有实质性的改变，对我们的生存环境和生活质量造成了极为严重的负面影响。要完成"十三五"规划的约束性指标，就必须要求制造业彻底改变传统的生产模式，从高能源消耗和高污染排放的粗放制造向高能源效率和低污染排放的新型绿色化生产模式转变。可持续制造满足了这种要求，即利用先进绿色科学技术、绿色设计理念及绿色工艺融入进制造业中，使整个制造工业链处于低能耗、低污染，以及高质量、高效益的最优结构状态，从而将我国制造业真正做大做强。

（3）由低端制造向高端制造转变。在信息时代背景下，我们正经历着新一代的产业革命，这是一场数字化革命，对整个价值链来说意义非同寻常。信息技术、物联网、智能技术、生物材料等高科技制造业的发展，必然会使传统产业发生巨大改变，形成适应新科技的产业模式，目前，中国已经实施《中国制造2025》启动高端制造业的发展计划。我国制造业必须把握好科学技术的先机，从而通过战略制造业高端技术制高点力挽狂澜。

（4）绿色制造，标准引领。2016年9月，工信部、国家标准委联合印发了《绿色制造标准体系建设指南》（以下简称《指南》），确定了包含综合基础、绿色产品、绿色工厂、绿色企业、绿色园区、绿色供应链、绿色评价与服务七个部分的绿色制造标准体系。《指南》还明确了各行业绿色制造的重点领域，以及重点标准建议清单，为不断发展和完善绿色制造标准体系指明了方向。

（二）从传统制造到绿色制造的中国模式

1. 以杭州市、连云港市等为代表的技术研发类鼓励政策。

绿色制造已经成为世界大趋势，所以不能再坐以待毙，部分地区为加快对传统工业的革新，走向了绿色制造的道路，在科学技术进步的引领下实现绿色循环低碳发展。要想实现绿色制造，首先应该对产品进行绿色设计，把握产品全生命周期中会产生的问题并加以解决。同时还要在生产过程中采用绿色工艺，节能降耗，对产品进行绿色包装，并在产品使用结束后有效回收。《中国制造2025》强调传统制造业尤其是基础制造业的绿色化转型，通过对绿色科学技术的研发投入及创新的政策鼓励，加快绿色制造内涵下的低能消耗、低污染、回收再制造的新型绿色产业工艺的体系建构。

杭州市投入大量的人力、物力进行绿色科技的研发，用自己的独特方式践行绿色制造的发展方向。《关于加快推进杭州市智能制造促进产业转型发展的指导意见》指出，传统工业高能耗、高污染已经不再适合当下的制造业发展，必须加大对绿色技术的投入，向高效能耗、低污染排放的绿色技术进军，加快制造业的绿色转型。江苏省主要的技术研发方向是废弃物的智能分拣、智能化除尘、大气污染防治、污水处理等节能环保装备，当然技术的研发要紧紧依靠企业自己的研发中心和其他研究机构，全面调动一切力量积极投身于绿色技术的研发中去。连云港市以更特别的方式推进传统制造业向绿色制造的转型，依靠自身特色，形成军民结合绿色转型模式，不仅发挥军工企业技术优势，还加强与民用技术的转移对接，推进军民结合型产业发展。

2. 以无锡市、成都市、天津市等为代表的技术改造类鼓励政策。

我国大部分区域的企业自主创新能力不强，绿色技术创新性研发较为困难，鼓励技术改造是地方企业进行绿色制造转型的有力举措。绿色制造的技术改造主要针对于以往的高能耗、污染、高碳、不可循环的模式，逐渐向低能耗、清洁、低碳、可循环再制造的技术改造为方向迈进。

2015年，无锡市对当地中央空调、工业窑炉、余热余压、绿色照明、电机五大产业进行了深入的调查研究，主要针对这五大产业的绿色转型改造潜力进行探索，最终确立重点合同能源管理项目，通过减少的能源费用，来支付节能项目全部成本的节能业务方式，推动企业实施绿色生产。

成都市的绿色技术改造是通过财政的补助推进各个企业的技术改造，这一发展模式在制造业领域取得了重大成绩。此外成都市推出"1313"发展战略，电子信息、轨道交通、汽车等行业成为重要的推进领域，同时航空航天、生物制药、新能源、新材料、节能环保产业的发展速度也逐渐加快，企业在政策补助的鼓励下，竞相加快对传统制造技术的改进，形成高效用能、低污染排放的绿色制造意识。

天津市通过重点企业、重点领域的试点与示范，逐步推进技术改造。天津市首先在基础制造业中开展绿色技术改造，通过对铸造、锻压、焊接、热处理等产业的绿色化重点投入，形成绿色制造的标杆企业，然后开始大力推广绿色技术，逐渐形成连锁型、网络状的低能耗、低污染的制造业大军，积极发展再制造产业，以汽车零部件、工程机械、机床、大型工业设备、电机等产品及关键零部件为重点，建设一批再制造示范工程和示范基地，促进再制造产业规模化发展。

3. 以江苏省、云南省等为代表的绿色制造体系构建类鼓励政策。

依照《中国制造 2025》，全面推行绿色制造必须构建"4＋2"绿色制造体系。其中，"4"主要指开发绿色产品、建设绿色工厂、发展绿色园区、打造绿色供应链；"2"主要指的是壮大绿色企业和强化绿色监管。在这方面，江苏省和云南省均有一些好的做法值得借鉴。

江苏省构建绿色制造体系主要有以下几个方面：一是着眼于重点行业，针对重点行业加大绿色技术的推行，逐步形成示范性产业，如实施再制造示范工程，鼓励各大行业对废弃产品的回收利用再制造，不仅能降低生产成本，还能减少资源的浪费；二是对绿色制造企业的绿色税收优惠政策，通过政策税收的优惠，鼓励各大企业转向绿色制造之路；三是实行差别化资源价格政策。

第三章

绿色制造体系的
核心与基本要素

一、设计理念：绿色制造的核心

（一）产品设计中的绿色理念

一直以来，人与自然间的冲突日趋明显，人们开始反思自身行为，在设计领域逐渐发展出来的一种新理念、新方向正在引领着生产方式的变革。在国际上有思想超前的学者强调人类正在面临的生态环境问题，人类若要长存于世就必须认清现实境遇，于是绿色设计成为人们关注的话题，人们开始着重研发先进的科学技术以应对人类生产对自然环境造成的破坏，在此种模式下并不改变社会基本结构，而仅利用先进科学技术于设计中，来实现低能耗、低污染排放、高效生产的目的。正是如此，绿色生态技术逐渐成为各大国家的重点研究领域，其主要方向是节能、减少污染等生态技术。20 世纪 90 年代，人们一直探索的绿色技术和绿色产品由于全球市场环境的变幻莫测、极不稳定导致其不能再适应社会经济的发展，逐渐被现代化的市场淘汰。人们意识到过去那种传统的绿色生产及绿色产品的模式太过理想化，并不能与时俱进，及时做出改变顺应全球市场的发展，我们需要的是动态的，能够与社会发展、文化差异及环境变化等各个方面的综合因素紧密联系的整体性设计而成的绿色生产方式。从根本上化解人、社会、自然间的矛盾，为了实现这个目标，人们一改传统生态技术和伦理、社会、经济、政治的问题，人们从哲学层面分析全球生态问题、技术问题、伦理问题等，力求把人—社会—自然统一起来，形成立体化复合生态结构体系，在这个过程中，绿色设计是极其重要的手段，设计师们必须具备高瞻远瞩的眼光来应对当下难以把握的市场和生态产品设计相融合的问题。

（二）绿色设计的基本思想

绿色设计随着时代的发展从来就没有停止过，一直处于成长变化阶段，尽管每个时期人们对绿色设计的理论探索和实际应用有明显不同，而且其内容一直处于不断补充丰富的状态，但是究其根本为了实现人—社会—自然高度和谐统一的内涵没有变，它的基本思想是：第一，传统设计主要以经济效益为根本目标，而绿色设计将生态环境的效益地位放在首位，强调生态效益为核心，再设计时全部的关注点都应该最终聚焦在生态效益上，并充分利用先进技术为实现这一目的进行绿色设计。第二，再设计时要考虑整个产品生产链的全过程，全面的考量各方面的因素，主要是如何降低能耗、节约资源、减少垃圾废弃物的排放等，从根本上解决传统设计中未能实现的节能减排问题。第三，设计还要求充分考虑人—社会—自然的相互作用，将人类生存与自然发展高度一致相结合。"3R"原则曾经一度成为超前的绿色制造思想，其中包括减量化、再使用，以及再生循环利用。"3R"原则要求从生产的开端就考虑高能效的问题，在生产过程实现清洁生产；产品的寿命终端进行回收利用、再制造；将遗留的不能利用以及不能带来经济价值的废物进行无害化处理。"3R"原则在当时已经具备绿色制造的基本要素，并且也被纳入绿色设计的定义中。

"3R"原则下的绿色设计首先强调了生产过程中的能耗和污染废弃物的问题，并将这个作为设计过程中应该处理的首要问题。其次，其强调整个生态设计都是基于先进的科学技术基础之上的，要从科学技术的创新中寻找新的能源、材料及科学生产模式。最后，其要求绿色科学技术不是最终的目的，真正的问题关键是如何利用高新科学技术来解决生态问题，实现绿色化生产，改变人类的生活环境。因而，产品在设计的阶段就应该考虑其整个生命周期要实现的各个目标，包括功能优化，质量的保证，更多地是生态效益的和合理的经济性，甚至还要考虑产品废弃后处理的生态化设计，是否能回收利用以及再制造等都是绿色设计需要谨慎考虑的方面。

绿色设计发展至今，其内涵在不断的丰富发展，现今已经将传统的设计理念中不考虑生态环境的生产理念彻底颠覆，更多地关注人与自然的和谐发展及人类生存和可持续发展。新关系的把握涉及以下各属性的整合、发展与完善，即功能属性、材料与技术属性、经济属性、艺术属性、环境属性和伦理道德属性。这些属性在我们以往的各种原则理念中已经发展出新的内涵，各种属性间形成了一套层级分明的立体化结构体系，其全部服务于生态的良性发展。因此，绿色设计不仅表现为设计的生态化整合手段与整体设计观，而且还被视作一种能够高效节能、循环利用特征的实践形态，最重要的是它代表了人类在全球化视角上对于环境和社会责任感的考量。

二、绿色制造体系的基本要素

（一）绿色产品设计

制造的核心是产品，产品的核心是设计。产品设计指在产品的整个生产过程之始，对产品的各项属性的设计、生产过程中的各项指标及售后等产品的全部生命周期的规划和管理，在制造中起至关重要的作用。设计时要充分把握各个因素，如果产品在设计的过程中出现一点不当，就会在生产的过程中以巨大的代价来弥补设计缺陷。如果产品在设计的过程中能充分考虑各个因素，产品的优越性就会在竞争激烈的市场中脱颖而出。所以各个企业都相当注重产品的设计，一个创造性的追求完美精致的产品设计将会成为市场中起决定作用的战略武器。

但是，目前产品设计大多只停留在产品的功能及性能等层面，并没有在产品的全部周期考虑技术、经济和环境的综合性特性。因此，我们如果要在产品中融入绿色理念，就必须从设计阶段开始，从产品的整个生命周期始端融入绿色理念，其设计的主要内容框架如下：

1. 面向环境的产品设计。

（1）面向环境的产品方案设计。产品方案设计主要是综合了产品原理、方法、总体布局、产品类型等各个方面的选择与设计。在保证产品功能和质量等基本条件的情况下，面向环境的产品方案优化设计是指选择或设计产品方案，使得产品及其制造过程的资源利用率最大化、环境污染最小化。产品及其制造过程对环境的影响在很大程度上由产品方案不同和产品方案设计的优劣而决定。比如，电冰箱到底是使用氟利昂进行制冷还是采用无氟制冷，对于产品本身，特别是在使用过程对环境的污染将会完全不同。

（2）面向环境的产品结构设计。为了减少资源的消耗和浪费和环境的影响，面向环境的产品结构设计主要目标是不断完善和采用较为合理和优化的结构。这方面所涉及的途径和措施有不少，如简化产品结构，采用多功能的综合性零件，包括简单的连接方法，从而减少整体装置零件数；优化构件布置，就是不断改变和适应构件的相互位置关系及其相关尺寸的大小，使产品的整体尺寸、体积和重量相对减少；改善构件受力状况，减少因构件破坏失效而造成的资源损失等。

（3）面向环境的产品材料选择。不当的产品材料可能会对环境造成很大的影响和污染。选择面向环境的产品材料需要考虑材料的制备、加工、使用，以及报废处理等材料的整个周期。例如，现有的一次性饮料杯有纸杯和聚苯乙烯杯，由于纸杯易于回收处理，所以正常情况下会认为纸杯的材料是绿色的。然而，虽然纸杯产品本身的绿色性好，但纸的生产过程对资源和环境的影响大。所以，一次性纸杯和聚苯乙烯杯到底哪个绿色性好，还需要进行仔细全面的比较之后才能知道。对于面向环境的产品材料的选择，因为它十分复杂，所以目前还没有比较靠谱的方法。综上所述，必须要全方位、多角度考虑相关因素，才能最后选出最好的产品材料。

2. 面向环境制造的制造环境设计重组。

制造环境是指实施制造过程的工厂、车间或制造单元。制造环境中设备和设施的构成、布局等也会在一定程度上影响对资源的消耗、人们的工作环境状况及外部环境。例如，能耗大的设备不仅直接造成资源的浪费，而且也会对环境产生一定污染；不合理的设备或生产线布局可能难以优化产品工艺路线，从而浪费资源；车间的恶劣环境不仅直接影响生产环境和员工的情绪与身体健康，而且还可能导致某些事故发生。面向环境的制造环境设计或重组就是根据产品制造的要求，营造一个相对较好的环境。这方面的工作既是一个技术问题，也是一个管理问题，应从这两个方面综合考虑。

3. 面向环境的工艺设计。

面向环境的工艺设计同时可以称作绿色工艺规划。工艺规划是对制造加工方法和过程的优化选择和规划设计。工艺规划包括两个方面的内容：工艺方案优化和工艺参数优化。工艺方案优化就是从各种可供挑选的工艺方案中选出最好的方案。工艺参数优化就是根据所要求的工艺要求和水平，择优选择该制造加工过程的有关工艺参数，使得优化运行加工过程，如切削加工工程的切削用量优化。大量的研究和实践表明，产品制造过程的工艺方案不同，物料和能源的消耗将不同，从而对环境的影响也不同。绿色工艺规划是一种改善工艺过程、工艺路线的规划，从而也使得工艺过程等更加的节能环保，同时也考虑到了产品的经济效益和社会效益。如何优化设计方案对环境较好，主要一是考虑到能耗，二是考虑到对环境的影响。其中，资源消耗主要是原料、辅助材料的消耗；环境影响主要是考虑到污染物的排放和职业的环境安全等。面向绿色制造的工艺规划不是对传统工艺规划的一种否定，而是对传统工艺规划的一种继承和发展，甚至是一种使得产品制造过程具有更好环境友好性的辅助手段。

4. 面向环境的产品包装方案设计。

从环境保护的角度，面向环境的产品包装方案设计，就是优化产品包装，从而产生最少的资源消耗和废弃物。这方面的途径和措施有不少，如采用可以进行二次利用的包装材料和包装结构，使得包装可重复使用；采用可回收处理和再生的包装材料，尽可能地减少包装废弃物对环境的污染；改善优化包装方案和包装结构，从而尽可能地减少包装材料的消耗等。

5. 面向环境的产品回收处理方案设计。

面向环境的产品回收处理问题是个系统工程问题，按照回收利用的效率，从产品设计开始考虑这个问题，要逐步考虑产品可拆卸性和零部件的再次利用、产品材料的可回收性、材料的可降解性和可处理性，尽可能地减少焚烧或填埋等处理方式。

（二）绿色制造流程

我国制造业长期以来都处于世界首位的位置，但是大而不强是我国制造业的一大特点，随着制造业的高速发展，我们也越发面临着资源、能源、生态环境等形势严峻的问题。这些问题在基

础制造业中凸显的较为明显，主要由于基础制造业与各个产业的
关系密切导致其对生态环境产生的影响巨大，这就要求基础制造
材料选取、制造装备设计等必须注重绿色化。我国在当前的世界
环境趋势下，制造业的绿色化应成为我们的首要战略任务。

国内机械制造业长期的发展并没有考虑过对环境的影响，在
其高速发展的形势下，对生态环境以及资源、能源造成了巨大的
污染和浪费。因此，传统生产模式向绿色生产方式的转型尤为重
要，这将会从根本上改变高耗能、高污染的制造业现状，充分考
虑产品的生命周期全过程，从各个阶段融入绿色化理念，降低制
造业的能耗及污染，还有在产品寿命终止后的回收利用以及再
制造。

1. 机械制造业生产模式。

目前，中国制造业分为传统生产模式和绿色生产模式。

（1）传统生产模式，在机械制造业中基本都采用开环生产
系统的传统生产模式。生产方式主要是传统的掠夺地球自然资
源，粗放管理模式，其生产生命周期如图 3-1 所示。

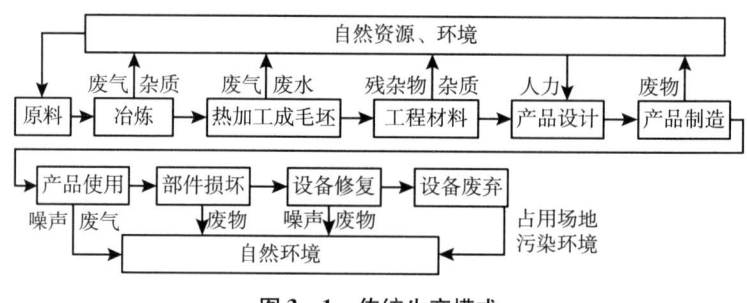

图 3-1 传统生产模式

通过研究发现，传统生产模式具有严重的不合理性，其粗暴
的生产方式，直接从自然界榨取人类所需要的资源，在此过程中
不考虑任何的环境污染及自然承受力的问题，产生的大量垃圾、
污染性气体和液体等直接排放到自然环境中，由此造成的后果已

经逐渐凸显出来。不仅如此，传统生产模式需要大量的简单劳动，需要大量的劳动人员。环境遭到破坏的主要因素在于传统生产模式下生产的产品没能考虑使用中产生的污染问题，比如噪声、废气、废水等。同时也没考虑回收利用再生产的问题，一旦产品某个零件出现了问题，则面临直接被淘汰，这将会造成资源的极大浪费。

（2）绿色生产模式。绿色生产模式是一种合理的最优化生产模式，其从产品设计开始就已经注重全局性考察，以设计出低能耗、低污染、高效益的产品工艺流程为目标，在生产制造过程融入绿色化理念及废弃物循环利用的生产模式（见图3-2）。如果想要实现绿色生产模式，就必须要依靠先进的绿色科学技术的研发成果，其次还要考虑产品的整个生产周期，从材料的选择、清洁生产，以及最终的回收利用都要充分考虑。绿色生产模式将会有针对性的对生产过程的全部不合理问题逐个解决。

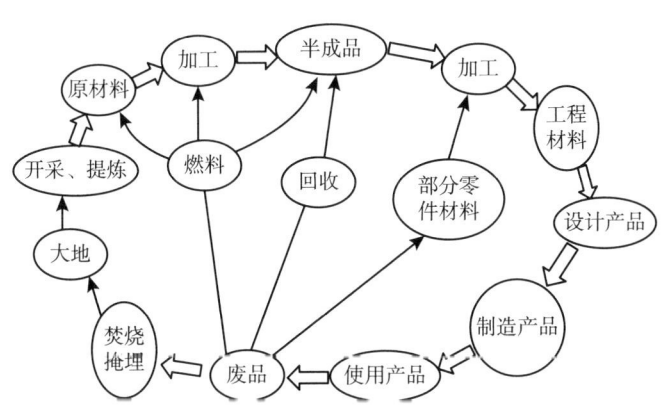

图3-2　绿色生产过程

2. 绿色生产中主要阶段的模式。

（1）材料选用及绿色材料选择模式。过去相当长的一段时期，人们在生产的过程中很少注意到生产对环境的污染、能耗等影响，更何况对绿色环保材料的选择，更是忽视其对生态环境的影响，因此在生产的过程中由于使用了高污染的材料不仅对生态环境造成了直接性的破坏作用，还对消费者的身体造成了一定影响。可以看出，生产的材料选择至关重要，其是整个生产链的基础性环节，也是实现绿色生产的关键。

面对这些问题，我们在解决时一般采用绿色材料，也就是材料必须不仅能满足产品的功能，还要对生态自然环境不能有破坏性、无污染以及可回收，以减轻对环境的压力、环境的恶化，并增强人们的环保意识。图3－3为选择工业材料时应考虑的问题。

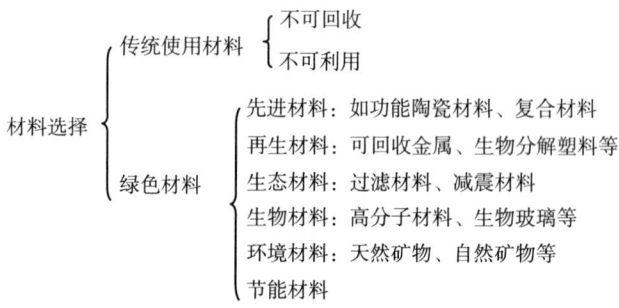

图3－3　绿色生产中的材料选择

（2）产品设计及绿色设计模式。传统设计方式只考虑生产效率和产品功能等为争取市场效益的方面，基本不考虑产品生产过程的能耗、污染、材料及回收利用等生态环保的因素。绿色设计则上升至人类生存的高度，从生态文明的视角考虑产品的生产，在保证产品功能的情况下更多的考虑生产全过程对环境的作用，最为重要的就是产品生命周期从材料选择的绿色化、清洁生产、低能耗、低污染及可回收等各个方面加以着重考虑。绿色设计中我们至少要考虑以下几个问题。

①产品的简化。产品在设计的过程中应该注意实用性，将不必要的修饰尽可能的简化，这样不仅从时间上和材料上都节省了

资源，而且还减少了对生态环境的污染，甚至在生产管理过程中也起到了简化作用。

②工艺方法。设计的过程中应该尽可能的使用环保绿色的方法和采用污染较小的材料，要注意产品零件在废弃后带来的难处理的工艺问题，从而减少对环境的影响和材料的浪费。

③产品的可拆卸性。产品在设计的过程中，要考虑产品寿命终结之时的回收利用再生产的问题，这就意味着，在生产设计之初就应该设计出易于回收利用的产品结构，易于拆卸便是重要的一点，其好处还在于如果产品一旦出现问题，不至于全部抛弃，而是更替损坏零件，这样大大减少了没必要的浪费。所以可拆卸性是绿色生产的重要属性。

④回收再利用。绿色设计最为突出的特色就是回收利用再制造。产品的回收利用从设计决策充分考虑产品的材料选择和回收效益等，保证产品走完生命周期之后还能回收加工再制造，形成新的产品。这样不仅能够减少相当大的材料资源，还对环境的污染减排起到了至关重要的作用。一般废弃产品的回收处理可以分为图3-4所示的几个层次。

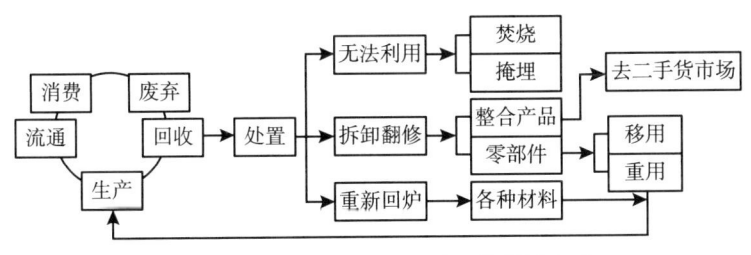

图3-4　绿色生产模式中的回收利用方式

⑤产品运输方便性。产品在保证其功能完整甚至不增加成本的条件下，产品还应该考虑在投放市场过程中的安全问题，主要因为运输过程不可避免的不当之处，可直接导致其损坏报废。

（3）制造工艺及绿色制造模式。我国制造业在现阶段的生产方式还不能很好的利用先进绿色科学技术，依然是粗糙以传统耗资的方式进行生产，制造业暂时未能全面步入自动化，这就使大量资源、能源消耗和产品质量不能标准化，废品率较高还会产生众多环境污染问题。

21世纪甚至是今后，人类不可避免将会遭遇生态环境问题，保护生态将成为世界主题，制造业应积极顺应时代特征，将低能耗、低碳、低污染作为绿色制造的根本任务，我国制造业在绿色化的道路上不仅要坚持生产中低能耗、低碳、低污染等生产理念，还要在产品的生命周期内尽可能地降低污染和延长寿命，如图3–5所示。

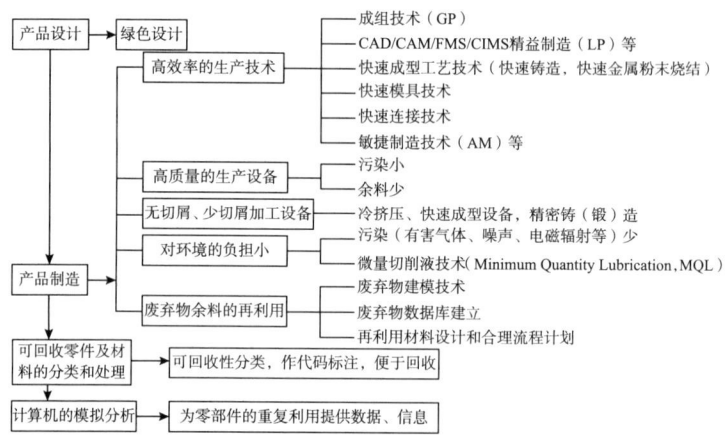

图3–5　绿色生产中的内容及其分层结构

（4）管理和绿色管理模式。绿色管理在我国生态文明建设中起到相当重要的作用，它直接影响经济和环境的和谐统一发展。我国政府已经在建立有关生态环境保护的法律制度体系，并在不断丰富内容与发展其内涵。法律制度的建立从法理的层面控制了企业的垃圾废物的排放，起到了预防、防治的重要作用。现有的ISO14000系列的环境管理体系标准，也是着眼于提高绿色管理水平来达到提高经济效益和减少环境污染的目的。

目前，各企业也根据自己的实际情况，推出了一系列环境保护措施，图3-6就是环境管理方面的一种环境方针、计划（Plan）—实施运营（Do）—实践活动（Check）—经营者的贯彻实施（Action）的管理模式，它是贯彻绿色管理的一种有效方式，可根据企业中环保措施的实施结果，不断改进，予以完善。

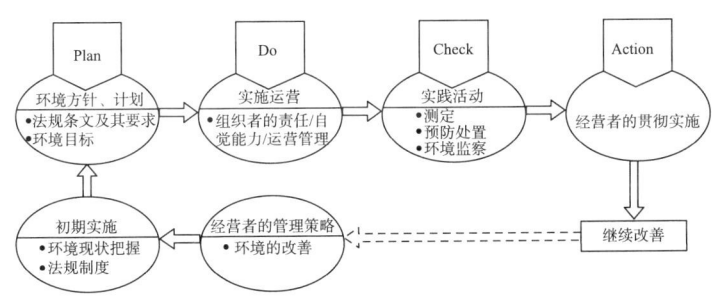

图3-6　绿色管理模式

全球范围内的资源、能源全面匮乏问题已经凸显，我国境遇更糟，资源不丰富，生态破坏严重，制造业由传统生产模式向绿色生产模式将是改变严峻形势的重要举措，我们必须把握好机会，紧紧依靠先进的科学技术应用于生产中，促进生产模式的绿色化转型，以突破制造业的绿色化转型来加快生态文明的建设。

（三）绿色供应链

1. 绿色供应链的内涵。

20世纪90年代以来，绿色供应链成为世界各国政府和学者的热点关注对象，备受各类人士重视。但是，绿色供应链依旧是新生产物，其内涵仍然在发展的初期阶段，由于不同的文化差异、社会差异等因素对绿色供应链侧重有所不同。绿色供应链是将产品的生产周期的全过程形成体系，将绿色理念融会贯通，分析化解环境和经济发展的矛盾问题，实施管理操作。它的基础和原身是传统供应链，但是绿色供应链最大的区别在于更加的科学化管理，其技术水平更加先进，充分利用生产的各个阶段来实现经济和环境的协调发展，来实现经济效益和环境效益双收的主体目的。绿色供应链需要充分考虑产品生命周期的各个阶段的全面环境管理，尤其是要注重绿色产业的企业主体及后续产品的回收利用，甚至还要包括消费者对产品的选择使用等各个方面。它着重考虑通过绿色竞争力促进绿色制造的大力发展，追求供应链上各环节的绿色化有机统一，即节能减排又极具经济效益。因此，我们认为绿色供应链的内涵是：产品从设计、材料选择、生产、销售、消费者，以及回收等整个生命周期都融入绿色理念，其综合考虑全过程对生态环境和经济效益的影响，然后通过各个部门企业消费者上下联动的现代化管理模式，最终实现生态效益、社会效益及经济效益的协调优化。

2. 绿色供应链的主要内容。

绿色供应链的内容涉及供应链的各个环节，其主要内容有绿色采购、绿色制造、绿色销售、绿色消费、绿色回收及绿色物流。

（1）绿色采购。绿色生产工作的首要任务是对生产制造产品的材料进行选购，材料选购必须要生态环保，也就是说生产过程中材料不仅可以保证产品功能的完整性还必须具有低污染、可回收的材料特点。

（2）绿色制造。绿色制造的全过程需要一个总体策略规划即绿色设计，其在绿色制造过程中起到至关重要的作用，包括对产品节能性、可拆卸性、可回收性等各个方面充分考虑并制订规划，有了生产策略之后便是绿色生产，其要求在生产过程中从工艺流程上做到清洁生产，尽可能地减少污染性物质的排放，包括污染液体、污染气体、污染固体甚至还有噪声等。

（3）绿色销售。其主要是企业和消费者的互动，绿色产品要满足人们的需求，不仅需要消费者具有生态环保意识，还需要企业对绿色产品品质优化，创造更大的销售空间。

（4）绿色消费。在消费者中需要灌输生态意识，在选择产品时能鉴别生态产品，包括未被污染的有助于公众健康的绿色产品，再使用后废弃产品要妥善处理，以免对环境造成破坏。

（5）绿色回收。是指产品在生命周期末端进行回收利用再制造以实现价值再生。

（6）绿色物流。物流业在中国已经成为普遍性的巨大产业，但是由于物流是新型产业，存在诸多问题，尤其是环保方面，绿色物流要求在物流过程中充分利用资源，形成高效的物流结构，降低对环境的污染。

3. 绿色供应链的现状分析。

目前，从国际环境来看，众多国外企业已经开始了绿色供应链的研发和实施，绿色供应链管理模式应用最多的是汽车行业，如通用汽车被认为是绿色供应链管理模式成功的典范。在我国，由于长期以来只注重经济效益，对绿色供应链的触及很少，以致于认识不够深刻，这导致从政府、企业、消费者各个环节的绿色意识落后，绿色供应链发展缓慢。中国近年来在供应链方面存在着突出的"非绿色"问题，如 2005 年肯德基等一些其他大型企业涉及的"苏丹红"事件，直接引发消费者对绿色产品的关注及供应链的思考。再比如三鹿企业在奶粉中的三聚氰胺含量超标，导致婴儿畸形发育，对社会造成了巨大的恶劣影响。2016 年 4 月，上海元华公司生产的膨化食品出现了严重的铝超标，这是因为企业未能注意供应链的选材绿色化模式。在纺织行业中同样存在着类似的问题，主要还是选材的过程中不能充分考虑绿色环保的重要性，导致很少有申请生态纺织品认证的。从这些可以看出，我国的生态环保意识依然薄弱，需要更深更广的强化绿色意识。我国已经加入 WTO 组织，在与各大国贸易往来时，面临着更为严峻的标准化挑战，我国绿色产品的环保技术遭受到欧美各国的质疑。目前，我国已有部分高瞻远瞩的企业正在打造符合自身情况的绿色供应链管理模式，将会逐渐突破产品出口的绿色壁垒。整体上看，虽然我国绿色生态环保意识尚且薄弱，还不能准确把握绿色供应链的发展前景，但是我们提出生态文明建设而且正在不断地加强建设之中，这必定会提高生态、绿色、可持续的意识。环境保护法律、法规也在不断地完善之中，企业在发展的过程中也逐渐具备一定的生态环保意识，绿色供应链的生态效益逐渐深入人心，随着社会的发展，绿色供应链一定会代替传统供应链。

三、绿色设计与传统制造融合发展

（一）制造工艺设计理念的变迁

以铸造、锻造、热处理、表面处理、切割加工为代表的基础制造工艺是汽车、石化装备、电力装备、造船、钢铁装备、纺织装备、机床制造等产业的基础制造核心技术。基础制造工艺在装备制造业有着广泛的应用。据统计，全世界 75% 的钢铁需要经过塑性加工，45% 的金属结构需要使用焊接得以成形。汽车65% 以上的重量由钢材、铝合金、铸铁等材料组成，这些材料通过铸造、塑性加工、焊接等工艺方法而形成汽车构件。

由于工艺技术、装备水平等方面的差距，我国基础制造工艺长期以来难以克服能耗高、环境污染严重的弊端。据统计，铸、锻、热、焊四种基础制造工艺合计能耗占机械行业总能耗的70% ~85%。

欧美地区和国家高度重视基础制造工艺技术的发展，并将铸、锻、焊、热等工艺列为未来关注的十大技术之一。早在 21世纪初美国就制定了铸造、锻造、热处理、焊接等工艺的发展路线图，并不断修改完善，同时提出了到 2020 年的发展目标。

我国是基础制造工艺技术与装备大国，就规模来说，铸造、锻压、焊接、热处理等行业都已经位居世界第一，2014 年我国铸件产量 4 260 万吨，锻造、冲压超过 2 000 万吨，材料热处理超过 1 500 万吨。2011 年出版的《中国机械工程技术路线图》中明确提出了基础制造工艺技术的发展目标：到 2020 年，在能源消耗、材料利用率、人均劳动生产率、产品精度、生产自动化、有害气体与废弃物排放等指标达到发达国家 21 世纪初的水平；到 2030 年达到发达国家 21 世纪 20 年代的水平。[1]

虽然我国基础制造工艺节能技术和装备发展水平有明显提升，但是与世界先进水平相比还存在很大差距，主要表现在以下几个方面：产品质量和可靠性低；生产效率低；制造工艺水平落后；先进制造工艺技术及自动化、数字化、智能化装备使用率低；能源消耗、材料利用率、污染物排放与国际水平差距较大。

1. 铸造现状。

我国已经成为世界铸件生产第一大国，铸件产量超过 4 000 万吨，是美国、日本、德国铸件产量的总和，已成为世界铸造生产基地。我国铸铁件占铸件总量 75%，铸钢件占 13%，有色合金占 7%。

铸造由于其从金属重熔开始，因此是能耗较高的制造环节之一，其能耗占机械工业总能耗的 25%～30%，能源利用率为 17%。近年来，铸造企业通过加强制造过程管理；改造升级熔炼设备，用中频感应电炉替代小型冲天炉、工频电炉，降耗减排，采用先进工艺技术和工艺装备，消失模铸造、V 法铸造、无模铸造等工艺技术及装备的应用，提高了铸件工艺出品率，废品下降至现今的 1.6 倍左右。例如，潍坊柴油集团、玉林柴机集团、一

① 中国机械工程学会：《中国机械工程技术路线图》，中国科学技术出版社 2011 年版。

拖集团的发动机铸造厂在 2010 年的吨铸件能耗已降为 294～375 吨标煤，与德国铸铁行业平均水平 276.3 吨标煤相近。

铸造行业不仅要排烟、排尘，而且要排出大量的废砂、废渣。由于环保意识的提高和环保技术的应用，近年铸造行业减少排放取得了很好的成绩。通过对熔炼电炉、砂处理与抛丸机配备除尘装置，大大减少了对大气的污染排放。通过对自硬树脂砂系统配备再生装置，使旧砂回用率保持在 90% 以上。黏土砂再生设备利用"热法燃烧 + 机械研磨"的方法，使废砂的回收率高于 85%。①

虽然铸造行业在节能减排方面取得了一些成绩，但是由于我国铸造企业数量多、企业平均规模小、工艺技术和装备整体水平低、资源化综合利用率较低于国际标准 1～2 个等级，废品率高出 5%～10%，加工余量高出 1～3 个等级。铸造吨铸件平均能耗比发达国家高 60%。每吨合格铸铁件平均排放废渣 0.2～0.3 吨、废砂 0.4～0.7 吨、排放二氧化碳和氮氧化物 2.3 吨，我国吨铸件的各种污染物排放总量是工业发达国家的 3～5 倍。②

2. 锻压现状。

2014 年我国生产锻件 1 230.66 万吨，同比增长 11.76%，生产规模居世界首位，但行业发展与环境、能源的矛盾日益突出。③ 工艺装备落后、污染严重遏制着我国锻压的快速发展。燃烧炉必然带来的问题就是污染物排放不能得到较好的处理，使得大量颗粒物排放于空气中难以解决；锻压产业会消耗大量的润滑剂，这使本就全面匮乏的水、土壤遭到更大的污染。锻压行业的节能减排是其发展的必然选择。

———————

① 单德忠、杨菁：《铸锻热加工行业节能减排技术及设备》，载于《铸造技术》2009 年第 5 期，第 583 页。
② 张怡：《波鸿集团 争做铸锻行业的全球领先者》，载于《四川日报》2013 年 5 月 16 日。
③ 2015～2020 年中国锻件市场专项调研及发展趋势研究报告。

近年来，锻压行业通过大力发展锻造余热淬火工艺，大批量自动生产的锻件 20% 采用了余热处理工艺，实现节能。利用 CAD/CAM 模拟软件减少飞边，实现节材；通过新材料、表面涂层等提高模具寿命；利用机械化和自动化，提高生产效率；通过工艺管理，改善产品质量；通过工业炉改造、水循环利用节约能源；通过升级锻压设备，使用液压锤、节能变频双盘摩擦压力机、节能型螺旋压力机，实现节能；通过材料改进，取消石墨润滑剂，改善锻造作业环境。

锻压行业虽然在节能节材方面也取得了一些成绩，但与工业发达国家相比还存在较大的差距，从工艺、装备制造、基础理论研究和生产管理方面综合评价，我们的锻压行业总体落后发达国家 15～20 年。每吨锻件综合能源消耗 0.83 吨标煤，日本每吨锻件综合能耗为 0.52 吨标煤，单位产值耗钢量为发达国家 1.3～1.5 倍，锻件材料利用率为 1.5 倍，有害物质排放约为 3～4 倍。

3. 焊接现状。

2014 年，我国年钢产量已突破 11.26 亿吨，近 50% 需要经过焊接加工制成各种构件或产品。随着重大工程和高端装备制造业的发展，推动以高效电弧焊、激光复合焊、搅拌摩擦焊为代表的先进焊接技术的进步，新材料及新结构的应用也促进了钎接，甚至胶接等先进链接技术的发展。

制造业取得了显著发展的同时，依然面临能耗高、材料利用率低、资源环境影响大、装备技术落后等问题。具体表现为以下几方面。

（1）焊接技术效率低，能耗大。以船舶焊接为例，我国造船中焊接机械化、自动化率约为日本、韩国的 65%，劳动生产率约为日本、韩国的 2%，人均年造船量约为 10%～15%。我国大多数船舶制造企业仍以手工电焊弧、埋弧焊为主要焊接手段，同时焊接过程节能、节材管理水平滞后，船舶制造焊接耗电量占总用电量的 50% 以上。

（2）焊接污染材料大。我国焊接材料产量超过了世界总产量的50%，焊接的材料伴随着熔化、蒸发、燃烧等过程产生大量烟尘及有害气体。同时，一些焊接材料中有铅、卤素等有害元素。高烟尘焊接材料和含重金属的焊接材料严重恶化了生产和生活环境。虽然近年来高烟尘焊材和含锌料的使用量已经大幅降低，但是低尘焊材、无铅锌料等环境友好型焊接材料与发达国家相比还存在不小差距。我国目前高烟尘焊接材料应用比重高达50%左右，而日本仅为15%；缺少系列成熟的高沸点低烟尘焊接材料；在无铅焊接材料方面，虽然 Sn – Pb 锌料由于有毒有害性而在全球范围内受到 RoHS 及中国《电子信息产品污染防治管理办法》的限制，但是仍然没有完全退出市场。

（3）焊接装备技术落后。我国焊接机械化与自动化总体水平较低，平均约为50%。重大装备急需的机器人、焊接专机等先进装备主要依靠进口，国产焊接装备在自动化程度、稳定性和可靠性等方面仍有差距。

4. 热处理现状。

热处理是事关机械零部件使用寿命的极为重要的关键工艺，70%~80%的机械零件、60%~70%的机床零件和100%的工具都要进行热处理。我国有各类热处理加工单位1万多个，热处理生产设备约20万余台，装机容量约1 500万千瓦，每年热处理加工各类零件近3 000万吨。

近年来，我国热处理行业技术及装备发展迅速。热处理行业的节能技术改造已接近50%，一般概念上的少无氧化热处理能力可达到60%。采用调质取代正火预先热处理量大幅增加，零件调质处理量较5年前增加约1倍。几十项先进适用型技术装备技术指标均达到了国内领先水平和国际先进水平，例如用于轴承热处理使用的双层辊底式连续球化退火炉，为保证轴承精密可控热处理工艺和实现行业节能目标提供了有力的技术支撑，热处理能耗减少到200千瓦·时/吨以下；精密可控高温箱式多用炉，用于实现"齿轮精密可控热处理工艺",可比传统的赤露渗碳热处理技术节省能源 30% 以上;IGBT 感应加热设备正在逐步地替换热处理企业传统落后的电子管感应加热设备;淬火介质空气冷却器和复合式热管换热器节能节水效果突出。

然而,我国热处理技术与发达国家相比还存在很大差距。我国热处理企业平均单位能耗约 500 千瓦·时,仍远落后于单位耗能 200~300 千瓦·时的国际先进水平。目前,我国的机械加工行业热时效工作总量为 3.2 亿吨,我国机械加工行业如果全部采用热时效工艺处理,那么每年要消耗 2 645 万吨标准煤。高污染、高危害、高危险的盐预热处理在我国还大量存在,而在先进工业国家,盐预热处理已经基本被取消;欧美等国际先进国家热处理行业的全员劳动生产效率约为 65 万元/人,而我国的全员劳动生产率约 11 万元/人,仅达到世界先进水平的 1/6。

为实现基础制造工艺节能降耗,我国开展了铸件绿色生产工艺技术、锻造精确形成工艺技术、无害化焊接工艺技术、轻质复合材料形成技术、新型激光加工工艺技术等新型节能技术,以及焊接、高温铸造和自动化装配等装备的研究;开发了一批具有自主知识产权的节能工艺和节能装备,逐步实现工艺设计理念的变迁。例如,在石油钻杆摩擦焊接及形变热处理工艺方法、数字化无模铸造精密形成技术,还进行轿车冲压节能减排新科技的开发与应用、300 马力轮拖传动箱及变速箱壳体消失模铸造技术研究、环保型焊接材料与绿色焊接技术及铸造行业综合节能减排的技术应用与示范,以及高效节能高压辊磨技术及装备、筒子纱绿色化自动染色成套技术与装备、大型高炉能量回收发电装置的开发与应用。

因此,有效地利用资源、节约能源、保护环境的绿色基础制造工艺是机械工业未来节能改造的重点领域,是有效解决机械工业资源环境约束的必然趋势,是机械工业可持续发展的必由之路。

（二）传统制造工艺中的绿色设计理念

基础制造工艺中绿色制造技术的设计理念是精确控制、清洁高效、过程智能化、循环再利用。

1. 精准数字化。

随着信息技术特别是建模与仿真技术的发展，基于信息技术和自动控制技术的精密控形与精确控性数字化技术推动基础制造工艺从"经验"走向"精准"，实现生产过程的节能降耗。一是将数字化、信息化、智能化融入制造工艺过程，实现多信息融合下的智能决策、过程适应控制、误差补偿智能控制、故障自诊和智能维护等功能，提高成形和加工的精确、生产效率、材料利用率。二是精密成形技术，精密成形零件的几何形状与尺寸，已全部达到零件的使用要求，免除或减少了后续加工，有效地降低了后续加工的余量。精确成形过程中材料流动经过合理控制，材料纤维连续并按照要求分布，且由于免除或减少成形后续加工，最大限度地保留了成形的纤维形态，使零部件的机械强度得到了提高，延长了产品的寿命，实现了节能节材和高质量。

2. 清洁高效。

在资源能源与环境的约束下，耗材高、能效低、污染排放严重的基础制造工艺不断被淘汰，被节能节材环保工艺所替代，尤其是制造工艺向更加精密化的方向发展，节约了大量原材料，从源头上实现了节能减排。同时，通过复合成形技术等先进的成形技术实现零部件的短流程成形制造，充分利用前期工序中的材料、热能或者将几道工序集成，使整个制造过程实现了流程再造，同时设备能效及效率大幅度提升，实现了高效节能。

3. 过程智能化。

传统工艺不断被优化，铸造、锻造、热处理等基础制造工艺在保持原理不变的前提下，通过优化工艺参数或基于工艺设备、辅助工艺、结构材料及工艺材料、检测控制的系统成套，朝着高

效、低耗、少/无污染的自动化、智能化方向发展，出现智能制
造单元，实现优质高效生产。

4. 循环再利用。

基础制造工艺在保证实现产品设计的同时，不仅追求低能
耗、低物耗和低污染排放，还向无废弃物制造迈进。无废弃物制
造是指加工制造过程中不产生废弃物，或产生的废弃物能被其他
制造过程作为原料而利用，并在下一个流程中不再产生废弃物。
通过开发和应用再制造、回收处理等技术，形成资源、能源的全
生命周期闭循环，减少报废固体废弃物，提高资源与能源的利
用率。

（三）传统制造工艺向绿色设计的发展路径

1. 实施应用示范工程。

选择一批铸、锻、焊、热行业的龙头企业及若干典型地区，
实施"铸、锻、焊、热节能技术与装备应用示范工程"；针对基
础制造工艺的关键工序开展生产工艺绿色化改造，针对量大面广
的机电产品的节能降耗减排，积累经验，向全行业推广。

2. 建立绿色化数字化车间/工厂。

建立数字化、柔性化、绿色、高效的铸造车间，以锻压设备
为中心构建数字化冲压车间。建设数字化焊接车间，建设数字化
热处理车间，建设高效绿色切削加工中心。绿色制造的实施将导
致一批新兴产业的形成。主要包括绿色产品制造业（如绿色汽
车、绿色家电产品等行业）和实施绿色制造的软件产业。

3. 建立专业化的基础制造工艺中心。

推广铸、锻、焊、热工艺所需数字化智能专业设备，提高制
造过程的自动化水平。在装备制造产品集聚区，建立高效节能的
基础制造工艺中心。实现绿色制造的关键是产品的信息集成和技
术方法的集成。一方面要建立产品信息模型（or Produet Infomra-
tion Model，PIM）和产品数据管理（Produet Data Management，

PDM）系统，同时要将产品开发过程中涉及的多学科知识，以及各种单元技术和方法加以集成，从而为绿色制造提供一个集成的工程支撑环境。

4. 建立专业能效评估管理中心。

建立能效评估方法、评估工具及专业能效评估管理中心。以专业化的铸造、锻造、热处理、焊接工艺和机加车间为对象，构建生产系统能效检测和优化体系。建立机械工业能效评估与优化范式，并商业化应用。

第四章

绿色制造变革的内在动力

（一）人文精神的全面体现

马克思曾提出"动物只是按照它所属的那个种的尺度和需要来建造，而人都懂得按照任何一个种的尺度来进行生产，并且懂得怎样处处把内在的尺度运用到对象上去，因此人也按照美的规律来建造。"① 绿色制造在探索科学知识、创造技术产品的过程本身就是追求美的一个过程，而在技术产品的整个生命周期中，作为技术的发明者和使用者，人更应规范技术的应用，使技术发展充满美感，实现人真正的诗意化生存。

1. 技术研发人员的人文追求。

技术研发人员对人文美的追求是绿色制造时代技术人文美追求的前提。研发人员的科研理念、科学态度、价值趋向、艺术修养等良好的"综合科学素养，有时候比单纯的专业性知识更加重

_____

① 《马克思恩格斯全集》（第42卷），人民出版社1979年版，第97页。

要"。① 综合科学素养表现在科研人员在绿色制造技术研发活动之中，体现着这个人的人格魅力。

（1）坚持以人为本的科研理念。"从起源上讲，人是大自然的极品和杰作，是自然界长期进化的产物。人的出生是宇宙的奇迹、天赐的缘分、上苍的礼物。"② 人类自产生以来，通过辛勤的劳动创造了光辉灿烂的物质文化，写就了一部内容丰富的人类发展史。通过发挥主观能动性，人的价值在改变客观物质世界的实践活动中充分的表现出来。人的利益不是单个的利益，在整个社会生活中应是人类共同的利益。这就要求我们要尊重人、理解人，在绿色制造时代应坚持以人为本的基本理念。以人为本就是以人为根本，它满足社会全体成员的物质文化生活需要，是科学发展观的本质和核心，是社会主义生产的根本目的，也是绿色制造时代技术发展的根本动因。

技术是把"双刃剑"，在给人类带来丰富多彩的物质产品资料的同时也会带来一些负面效应，有的甚至威胁到人类的长远发展。科研人员是科技发展的主导力量，科研人员的价值观念、行为操守对社会科技的发展方向起着重要的作用。绿色制造时代，在一项技术投入生产之前，科研人员应遵循以人为本的科研理念，选择有利于人类长远的根本利益及有利于代际、国际公平的技术，对每项技术应用的后果进行最大程度的分析预见，把有碍于人类利益、环境保护和生态平衡的技术抑制于研究初期，对其进行研究更正，无法更正的科研项目应果断终止。这样的科研成果将在很大程度上满足人的需要、有利于人类的生存，是科学的、发展的、有生命力的、人性化和充满人情味的。

绿色制造时期的科学技术研发坚持以人为本就是要坚持走人

---

① 任定成：《科学人文读本大学卷》，北京大学出版社 2004 年版，第 9 页。
② 李锐锋：《人性化技术与社会的和谐发展》，载于《科学技术与辩证法》2005 年第 10 期，第 75 页。

性化技术发展的道路。人性化技术是以技术为外在手段，以追求和谐为内在要求，旨在实现经济社会的健康可持续发展的技术。人性化技术主要在三个层面实现人性化要求，即自然、社会和人本身，也是充满着人文美感的技术。它关注的是技术的应用对人的影响，旨在使技术更好的满足人的需要、尊重人的权益，让一切有利于创造物质财富的源泉充分涌流，让一切有利于改善生态环境的因素各尽其用。

（2）奉行严谨求实的科学态度。科学研究的根本目的是发现未知世界的规律，探索真理，进而推进社会的发展。科研人员是否具备严谨求实的科学态度不仅是衡量其工作优劣的指标，也是评判其道德修养的标准。发现未知、探索真理是进行科学研究不变的主题，求真、求实、求精、求是是绿色制造时期科学研究需要遵守的基本原则，是科技工作者人格美的表现。

人格是一个人价值、尊严、道德修养的集中体现。人的价值诉求具有多样化特征，人在精神层面的价值诉求则表现为对于高尚的人格的不懈追求。这种追求使人的精神世界极大丰富，道德水平不断提高，塑造出人格美。① 人格美体现的是人的内在修养和魅力，是人内在道德修养水平的外化手段，美有两种表现形式，即内在美和外在美，前者具有根本性的特征，对人本身的影响也更为深刻。人格美与人文美在追求目标上是一致的，它们都是为了维护人的价值与尊严，实现人的全面发展。

（3）创造具有人文美的技术产品。技术与艺术最早被统称为技艺，是合二为一的。随着劳动生产效率的提高和分工的明确，技术变成一个独立的概念被分化出来，技术与生产联系紧密，而艺术则向美术领域靠近。绿色制造时代随着社会产品的不断丰富，以及技术与艺术的飞速发展，技术与艺术已呈现融合的

---

① 蔡萍：《从儒、道思想看人格美》，载于《石河子大学学报（哲学社会科学版）》2002 年第 6 期，第 21 页。

大趋势。

　　绿色制造时代人们追求的艺术是技术的艺术，技术也应是艺术的技术。在艺术领域，艺术作品的创意融入现代科技的信息，艺术则会更有时代感和号召力；在技术领域，技术产品的设计添加艺术因素，技术则会更有艺术性和感染力。技术与艺术的融合是技术与艺术各自发展的需要，也是绿色制造时代社会发展的需要。

　　科技工作者的艺术涵养是指他们对艺术相关知识的掌握程度、理解能力和应用能力，及其将技术和艺术融合应用的能力，体现着他们的技术水平、艺术修养及良好的综合素质。具备一定艺术涵养的产品设计人员，能将绿色制造的技术设计中加入艺术创意，从而使技术产品更为新颖、独特、赋有艺术气质。消费者在使用技术产品的同时，不仅能体验到产品使用功能的实用性，更能与产品设计中加入的艺术性产生共鸣，形成一种强烈的美感享受。

　　艺术的最大特质即是美，具有艺术涵养的技术工作人员将产品设计与艺术创意相结合。因此，绿色技术的艺术之美还表现在产品的设计是否具有创造性，是否能给人全新的艺术美感。

　　对于技术产品使用者来说，一个新的技术产品无论从外观上还是从使用效果上都能给他们全新的体验。新型的产品外观设计首先从视觉上能给人耳目一新的感觉，激发人们的好奇心，悦目的产品包装还能给人良好的视觉享受。在使用过程中，绿色制造产品的使用价值最大限度的发挥出来，产品的使用价值也能突破单纯的视觉感知给人全方位的强烈美感体验。使用者能在体验产品与众不同的过程中感受到从产品中散发的创造美，以及由这种创造美产生的形式美、功能美等不同美的表现形式。

　　2. 绿色产品设计中的人文追求。

　　技术设计是技术研发的前期环节，是技术应用的准备阶段，科技工作者是技术设计的主体，在此过程中发挥主观能动性，对技术的研究应用及发展方向起着主导作用。为了使技术成果与人的利益相一致，体现对人的关怀和对人的尊重与满足，绿色制造时代的技术设计应该沿着追求人文美的道路前进，把实现对人的终极关怀作为技术设计尊崇的最重要标准。

（1）节约产品材料以维护人的生存环境。战国末期著名思想家荀子提出："强本而节用，则天不能贫"。中国地大物博，但经过多年未考虑到环境代价的经济建设，消耗了大量资源能源，资源储量大幅下降，如果继续毫无节制的开采利用，将会导致我国资源进一步匮乏，增加全球的生态负担。

人类赖以生存的地球资源并非取之不尽、用之不竭，而是有限的、珍贵的。目前地球上的自然资源正损耗加快，非再生资源面临枯竭。利用科学的技术手段实现资源的有效利用和节约是关乎生态环境的重大课题，也是关乎人与自然协调发展的关键问题。

绿色制造的产品选材的节约是使技术发展走节约化的首要环节。在生产产品的选材上，应遵循绿色材料的选择。即优先选用可再生材料和回收材料，尽量选用低污染的材质，尽量选择与环境兼容的材料及零件，防止选择毒性和辐射性的有害材质。如以可再生的竹子为原材制作而成的竹地板，不仅美观实用，而且还在选材上遵循了环保标准，向人们展示着环保材料的优点，给人创造了一个舒适、环保、健康的生活环境和心旷神怡的美感享受，表达着产品设计者对人的尊重与关爱。

（2）简明设计程序以体现科学之美。设计程序简明化要求程序设计者在有丰富设计经验的前提下，在熟练掌握职业相关理论和技能的基础上，使设计的产品生产程序尽可能的简单明了，过滤掉产品生产过程中的冗余环节，尽可能地将生产过程简明化、高效化、节约化。

科学研究中，科学家对公式、定理的归纳、总结追求逻辑简明化，体现科学美；技术研究中，技术人员对生产程序、环节的预见、统筹追求步骤简明化，体现的是科学美和技术人文美的统一。绿色制造的生产者在执行简明的设计程序时，对设计过程一目了然，体验到的是设计者的智慧美、设计程序的科学美与技术美，以及设计目的的人文美。

3. 生产过程中的人文追求。

（1）营造宜人的生产环境。生产环境是衡量生产条件的重要因素，是指劳动者的劳动环境。劳动者、生产工具和生产环境三者关系的处理对提高劳动生产率，为劳动者减轻作业负担具有重要作用，同时也为绿色生产提供了良好的环境。

在工业社会中，人与生产工具的关系主要表现为人使用机器进行大规模机械生产，人的生产环境主要指工业生产车间的环境。劳动生产率因为在客观上受到社会历史条件的制约，在某一历史时期处于一定的水平，但是因受到工作环境的影响，同一时期的劳动生产率也会上下浮动。按照技术美学的要求优化生产环境，可以实现劳动生产率的大幅度提高，在质和量两个方面提高产品优势。影响生产环境的因素众多，主要包括色彩、光线照明、音响、车间厂房设备机械的合理安排、通风条件、温湿度，以及厂内外环境的美化，都会给人带来美感体验。

生产车间的设计布置应把照明、自然光的利用、色彩的视觉心理等结合起来，既可提高劳动生产率，又能节约能源，给劳动者一个良好、舒适的视觉环境；在听觉上，应尽可能减少生产噪声给工人带来的不良影响、避免疲劳工作；合理安排车间、厂房设备不仅可以保证准确地完成劳动工序，还可以使工人少走弯路、减轻疲劳程度、消灭工伤事故和职业病；车间保持良好的通风条件和适当的温度、干湿度会提高人的劳动热情和愉悦感；优雅宜人的工作环境能使人得到体力上的休息放松和精神上的审美享受。"协调生产工具和生产环境与劳动者之间的关系，从而使劳动者在生产中能够心情舒畅、精力充沛、情绪高昂，处于最佳的生命状态，乃至最大限度地发挥人的创造潜力，在提高劳动生产率的同时也实现了劳动者的自我完善。"①

倡导宜人的生产环境是人性化生产的表现，体现的是人们对技术人文美的追求。绿色制造应该重视人机的环境，正确处理人、机器与环境的关系，机器和环境应该以人为本，确保人在工作中保持最佳状态。体现的是对人的尊重与关爱。人在宜人的生产环境中进行生产能够改善人在劳动中生理和心理条件，使人在良好的工作环境中获得美感享受而保持极佳的精神状态，从而减轻工作疲劳、促进人对劳动和生活的热爱，提高劳动生产率，有利于推动社会物质文明和精神文明的协同发展。

（2）创建新型的人—机关系。工业革命以来，大规模的机器设备进入生产领域，取代了传统的手工劳动。科学技术的进步在大大提高劳动生产效率的同时工人不断被新机器排挤，现代机械生产琐细的分工使人局限于狭小的天地而看不到更体会不到工作的整体性。"在这种状况下，劳动者只能是机器的附属，而毫无自主、创造性发挥可言，这也就只能说是机器的工作，而非人类的工作。"②

人们顺应机器的制造流程简单地重复着同样的动作，变成了没有思想没有感情的机器的一部分，大大束缚了人的主观能动性和创造力，人的自由便沦落在机器零件的机械运动之中。"科学发展的结果不是使人摆脱自然的强制性而获得身心的解放，而是向相反的方面转化，成为与人相对立的异己力量，形成了科学的异化。"③

不仅如此，"随着科学技术的进步与发展，人类为满足自我需求，更加无情地入侵自然界，肆无忌惮地掠夺自然资源，自然界本身所具有的自我恢复能力已经无法应对这些破坏性行为。单

---

① 蓝星：《科技美学的现实意义：倡导宜人"环境"设计》，载于《山东社会科学》2003 年第 1 期，第 108 页。
② 罗筠筠：《审美应用学》，社会科学文献出版社 2002 年版，第 152 页。
③ 徐恒醇：《科技美学》，陕西人民教育出版社 1997 年版，第 29 页。

靠生态系统的自我调节机制已难以恢复正常状态，生态的严重失衡必然导致了生态危机。"环境污染、水土流失、森林耗损、温室效应、臭氧空洞、生态多样性减少等问题已在威胁着人类的生存，许多产品的生产都是以牺牲环境、破坏生态为代价的，美丽的地球变得满目疮痍。

传统的技术产品在设计上片面的突出其使用价值，忽略了产品的美感，生产过程中经营者盲目追求经济利益而忽视了生态因素，是导致严重的工业污染的主要原因。"这就要求对技术产品质量标准的选择应有一种综合的产品质量观，要求产品的生态性、实用性的统一，使用价值和审美价值并重。"①

绿色制造时代的新型人—机关系要求我们在技术研究上不仅要具有一种实用观，更需要有审美观和生态观，把三者结合起来的产品生产才是符合时代进步的合目的、合规律的统一，并能表现出一种和谐之美及具有时代特点的人文精神。把技术美和生态观结合起来是协调人与自然关系、促进可持续发展的要求，也是社会进步、时代发展的客观要求。

（3）实施清洁生产。清洁生产是使可持续发展从理论走向实践的又一项关键技术。清洁生产也是一种新的生产理念，对生产的各个环节都提出了环保的要求。首先，生产所使用的能源与原料要保证清洁程度最大化，污染程度最小化，这是清洁生产的第一步。在源头上控制好污染，同时提高能源资源利用效率，可以为后续生产过程的清洁提供初始保障。其次，是生产过程的清洁要求，主要包括对资源能源的节约使用，确保污染性强破坏性大的原材料在整个生产过程结束以前达到数量上的最小化，毒性上的最低化。再次是对产品的要求。从原材料的选取与提炼到产品使用后的最后处理，我们称其为产品的整个生命周期。要致力

---

① 陈清硕、钱晓晴、王平：《技术生态学和技术美学的内在联系》，载于《科技管理研究》1996 年第 6 期，第 37 页。

于这整个周期对于人类社会和自然环境的负面影响。除了要在各个环节上落实好清洁生产的客观要求以外，也要整体上把握好整个生产链，处理好整体与部分的关系，如注重总体设计，协调管理总揽全局，有条不紊，在实现利益最大化的同时也保证了清洁的最大化。我们正在为一直以来的末端治理方式还债。

清洁生产是在人们反省末端治理的污染控制方式代价昂贵、负担沉重、效果不佳的背景下提出的，是协调经济效益和环境效益的最佳选择。清洁生产的实施必将进一步解放生产力，促进工业和农业实现可持续发展的目标，改变企业粗放型的生产模式。[①]

绿色制造和清洁生产一个从产品设计角度出发，一个从产品生产角度出发，有效的将生态人文理念运用到技术领域，体现了生产制造者不再盲目追求经济利益，而是从长远利益和全局利益出发，考虑产品的生态影响和人类的长远利益，从产品生产的源头上减少资源消耗和环境污染。

清洁生产和绿色制造在保护生态环境的同时，也保护了人类最长远的根本利益，是在发展生产力的同时又不危害人类生存环境的技术，它们与生态人文审美价值观是不谋而合的，体现着技术的生态人文美。

（二）人与自然价值的再认识

1. 绿色制造背景下人的价值。

绿色制造的主要问题导向就是如何处理好人与自然的关系。即在整体上协调把握制造、生态资源、自然环境三者之间的联系。所以在绿色制造背景下进行生态伦理分析的关键是人与自然价值。在研究人与自然价值的进程中，很多研究者将矛头直指人

---

① 尚华、王文军：《清洁生产对实现可持续发展问题的研究》，载于《渭南师范学院学报》2005 年第 7 期，第 31 页。

类中心主义这种思潮，提出必须摆脱人类中心主义的观念，把人视为与动物平等的生物，推动价值观的变革，从本质上根除生态危机。对于"人类中心主义"的观点，我们应该正确认识：第一，人类中心主义作为一个价值层面的命题，并不存在与人类社会其他基本命题的根本对立和矛盾；除此之外，我们也应该认识到人类中心主义的存在根本上是合情合理的，它是人类的一种价值原则，我们无法全盘肯定或完全废除"人类中心"的观念，这在逻辑上也是不可取的。我们应该意识到自然界是一个包罗万象的体系，人是自然界中的重要组成部分但绝不是唯一，人类的发展也受到自然界的带动和制约。人类生态学常将复杂的生态系统划分为社会、经济、自然三个相互区别又紧密联系的部分，这也证明了人与自然的相互依存与联系。并不存在"人类中心"或"非人类中心"的倾向。人们生态观念的进步对于自然环境及人类自身发展有深远的影响。在人类发展史上，生态观念有过两次重大发展，第一次发展是从人类自我意识的觉醒到人类中心主义观念的转变，由于工业革命取得的巨大成果，技术乐观主义思潮盛行，导致资源消耗过度、环境污染、生态环境遭到破坏，对人类的生存和发展产生了不利影响；第二次发展是从人类中心主义观念向可持续发展的生态观念转变，由于人类盲目和过度生产，导致资源日渐匮乏，生态环境遭到严重破坏，人类慢慢认识到可持续发展的重要性，提出经济、社会、资源和环境要协调发展，这种可持续发展的生态观念将会有助于形成人与自然和谐共处的模式，开创人类历史的新篇章。

2. 人的价值与自然价值的通融。

人类自身价值和自然界生态环境存在很多不同，在绿色制造的大背景下，新的生态伦理观念的建立需要人类自身价值和自然界生态环境价值的融合，这二者的融合需要理性的人类认识活动和实践活动才能达成。人类拥有抽象的逻辑思维，这种抽象的逻辑思维能力是平等性的基础，人类受生态伦理观念的引导，就应该把对于人类本身的爱和保护，推广到自然界中的其他物种身上。非人类的生物因为不具备抽象的逻辑思维能力，因此无法透过现象看到现实世界的秩序和本质，他们只能看到现实世界表面的现象。

在当前绿色制造的大背景下，破除"人类中心主义"生态观念的束缚，把人类之间的关爱拓展至整个自然界，这样就会产生一种新的生态伦理观念，把人与人之间的伦理关怀延伸至整个自然界之中。这种新的生态伦理观念显示出人的内在价值与自然界价值的融合。人的内在价值与自然界价值存在很大差异，人类在不断的实践活动中产生了人的价值，是在社会活动中形成的产物。自然界的价值是自然存在的，不是人的主观意识能够改变的。存在论这样强调：自然生态作为客观存在的事物，有其本身的价值，与其他生命体没有价值上的本质区别，但是与人类有保护大自然的责任是有不同之处的。人类总结和反思人与自然之间的关系，并且认为自己有保护大自然的责任，这是由人类所具有的逻辑思维和道德判断能力所决定的。人类的道德判断是人类自身价值的关键，正是因为人类拥有了价值判断的能力，才使得自然界的价值能够被揭示。

3. 绿色制造背景下价值的整合与超越。

深入解读和了解人的内在价值及自然的价值问题，是超越人类中心主义观点和非人类中心主义观点的关键。价值关系是指事实本身相对于主体的生存与发展所体现的作用，是指主体和客体之间的利益关系，是一种"自为关系"。通过对价值进行分析我们发现，价值最本质和特殊的地方就是它昭示了人的主体地位。所以我们一定要正确的理解生态价值，如果把生态价值当作是与人类无关的东西，那么我们就误解了生态价值的概念。要想超越人类中心主义观点和非人类中心主义观点，实现人的内在价值及自然界价值的融合，应该意识到人类需要在认识自然和改造自然的过程中发挥人的本质作用，需要把自己的本质对象化给自然，只有这样才能正确地认识自己的本质。按照马克思的观点："通过实践创造对象，改造无机界，人证明自己是有意识的类存在物。"① 实践是人类与自然界产生联系的桥梁和通道，也是通过实践这一活动，人类实现了使自然资源为人类的生产生活服务的目的。另一方面在改造大自然的实践过程中，把人类的本质对象化给自然，利用自然显现出人类本质，比如当前工业所遇到的资源匮乏和环境污染就是因为人们在发展工业过程中过度开采自然资源、破坏生态环境，忽视可持续发展所造成的，所以说自然界不但是人们存在和发展的根本基础，还在人类实践过程中体现了人类的本质。在认识自然和改造自然的过程中，如果我们对大自然给予充分的人文关怀，那么大自然就会用真善美的方式显现人类真善美的本质。大自然为人类提供了丰富的资源能源，这都是对人类真善美的回报。相反，如果人类对待自然时忽略了人性化的方式，只顾暴力掠夺，那么自然界也会以同样的方式报复给人类，如用生态危机、环境恶化来报复人类，而全球变暖，资源匮乏、沙漠化、雾霾等，都是对人类本质的否定。换言之，我们如何对待大自然，大自然就会以它自有的方式体现人的本质。所以，敬畏自然的价值和肯定人类自身的价值其实是等价的，尊敬大自然其实也就是尊敬人类自身。大自然能够证实和显现人类的本质，这也就要求人类要对大自然进行充分的人文关怀。

通过对人与自然关系的深入分析和研究，人们提出了绿色制造和绿色消费的概念，它以一种理性的观点来认识人与自然的关系，倡导可持续发展。在绿色制造的大背景下，我们应该正确认识工业发展与自然界的关系。

所以，在发展的进程之中，要平衡人类价值和自然价值，既应该保护生态平衡，也应该保障人们的物质生活，以可持续发展为坚定的道路，贯穿绿色制造的观念，将自然价值和人类价值融

① 《马克思恩格斯选集》，人民出版社1995年版，第1（2），第46页。

会贯通，实现双赢。

（三）价值观的革命：绿色价值观

1. 价值观问题是解决生态危机的根本性问题。

价值观作为精神层面的诉求，是人类物质利益追求的引导，在很大程度上影响甚至决定了人们追求物质利益的途径与手段。表面来看，价值观与目前的生态危机相去甚远，但是实质上价值观却从根本上、从全局上影响着人类的物质生产与日常生活，生态危机不得不归咎于价值观的错位误导。因此，不能再将生态危机问题简单化、单一的理解为政府及政策失误或资源浪费。

从价值观方面深层次地理解生态危机，就必须回顾工业革命以来占据了主导地位的"人类中心主义价值观"。这一价值观所表达的就是人类是万事万物的中心，在一切存在物中占据着主导地位，人理所当然地以其他一切存在物为工具或者手段，来谋求自身的物质利益。在这种价值观的引导下，人类大规模地改造自然，利用自然。虽然社会生产力的不断提高、人类文明的不断演进是历史的进步和必然趋势，但是这绝不意味着能够以生态灾难为代价。人类在发展的过程中不断增加的欲望致使他们对自然进行节制的开采，其手段如此粗暴以致极大的浪费了自然资源并且在欲望满足之后还对环境产生了巨大的污染。这种方式不仅是对自然规律的挑战也是人类的自取灭亡。人类的文明已经发展到比较高的程度，但是生存问题依然是人类思考的主题，目前能源资源出现危机，水、土壤、大气的污染以致大部分地区已不足以满足人的生存条件。

生态危机直接使人类陷入史无前例的困境，如果放任不管将面临无法生存的结果，于是人类开始反思工业革命以来人狂妄自大的行为，意识到只有与自然和谐共处才能继续生存，实施可持续发展走生态文明的道路逐渐成为人类的必然选择。20世纪末期，我国政府就已经注意到资源环境的问题，并将资源环境的保护提至相当高的地位，我国制定了一系列的法律法规来遏制破坏、污染环境的行为，尤其是对重污染的企业进行了法律约束，甚至关停了大量的高污染企业，但是重大举措之后依然没有产生预期的效应。

改革开放以来，我国的经济发展极其迅猛，制定的指标大多都能完成，但唯独生态环境的指标却受到了巨大的阻碍。这里的问题在于，"人类中心主义价值观"支配人类思维模式和行为模式与经济增长的目标具有一致性，而与保护资源环境的要求具有相悖性。我们只有先改变人类价值观，从人类的思维方式和行为模式上扭转以往的经济和生态直接对立的关系，只有这样我们才能从根本上解决生态环境的问题，加快生态文明的建设。

如果发展循环经济，建设生态文明就必须转换价值观，从过去"人类中心主义价值观"转向人类与自然和谐共生的绿色价值观，通过循环经济这种模式，既追求发展，又保护环境，实现经济的发展和生态文明共同进步。

人类在思想认识上的对立和冲突是人类与自然对立和冲突的根本原因。第一，绿色价值观改变了人类一贯的征服自然、战胜自然的观念，改变了人与自然对立的观念，为人与自然和谐发展提供了思维模式和行为模式。第二，绿色价值观肯定了生态系统中万事万物都有自身价值，把道德共同体扩大至整个生态系统。第三，绿色价值观在全球生态危机之际提供了核心的生态伦理观。可见绿色价值观是生态文明建设和可持续发展的重要源动力。

2. 绿色价值观在经济发展的动力体系中具有三重优势。

（1）绿色价值观是最具稳定性、持久性和潜在能量巨大的动力。要使经济发展走向绿色化，会有很多种动力，但是大都是外在动力，而绿色价值观则是内生动力，其在持久性和稳定性方面具有极大的优势。绿色经济建设如果都是受到国家政府的相关政策命令的指示开展，将会比较被动，更可能造成应付的局面；

在开展循环经济的过程中如果根据实际市场环境的变化需要迅速做出调整，那么政策的限制将会使转型机动性变弱，不能及时地把握机会。绿色价值观的作用至关重要，其将绿色理念植根于人心，在发展循环经济的过程中人类将会更主动、更自觉、更理性、更无私。可见绿色价值观是潜在能量的巨大动力。

（2）绿色价值观能铸就行为主体的"慎独"精神。循环经济不是一朝一夕就能实现的，也不是国家政策、号召外在强制就能完成的。我们目前若想要摆脱工业文明下对大自然的破坏式生产方式从而实现生态文明，就不仅要响应国家号召，积极投身于生态文明建设，还要从内树立绿色价值观，自觉的履行绿色价值观的行为准则，这就体现了中华民族的"慎独"精神。在发展循环经济的道路上，必须将绿色价值观植根于内心，其对人具有无形的约束能力，可以有效地推动生态文明的建设。

（3）绿色价值观能激发行为主体的创造性。在人类生态文明中循环经济是史无前例的事业，我们将会面临从来没有遇到过的困难，如果人类不能彻底认识绿色价值观一改被动的行为姿态，以及过去传统的思维模式和工作方法，将无法解决循环经济发展中的问题。绿色价值观的深刻理解能有效地提高主体的创造力和主观能动性，在生产、生活行为中时刻以人与自然的和谐为准则，按照自然生态规律办事。绿色价值观催生下的主体创造性能够解决循环经济建设中遇到的各种问题。

二、生产、生活和思维方式的转变

（一）现代制造业的可持续发展

1. 有关可持续发展问题的产生。

人类通过工业革命的不断实践，开启了信息时代的新篇章。

回顾工业革命的发展史，从瓦特蒸汽机的发明到福特汽车公司建造的第一条汽车生产流水线，制造业突飞猛进，但是我们也应该看到，在工业化的发展过程特别是制造业的发展过程中，耗费了很多不可再生资源并且产生了严重的环境污染，破坏了我们生存的家园，导致自然界的生态系统无法持续协调发展。

数据显示，中国国民经济各部门所用的 21 类机电产品，基本都属于高污染高能耗的产品，这些机电产品所消耗的电力占全国电力总耗费的 60% ~ 80%，所消耗的煤炭占全国煤炭总耗费的 50% 左右，所消耗的汽油占全国汽油总耗费的 55% ~ 60%，所消耗的柴油占我国柴油产量的 40% 还多，由于其具有高污染高能耗的特点，因此在发展过程中造成了严重的生态危机。中国的汽车制造业经过长期的发展与改革，获得了长足发展，但是与发达国家相比，我国汽车制造业创新能力缺乏，自主品牌竞争力较低，还面临着资源能源匮乏和环境污染等问题。因此，在制造业发展的过程中，我们必须树立绿色发展的观念，节约资源能源，创新制造技术，实现可持续的发展。20 世纪 60 年代以来，人类突然警觉，地球上很多资源都是有限的并且不可再生，于是对生态环境和自然资源开始重视与关注。20 世纪 80 年代以来，可持续发展的思想在全球范围内萌芽。在 1987 年，联合国环境与发展委员会首次定义了可持续发展的概念："可持续发展是这样的发展，它是既能满足当代人的需求，又不对后代人满足需求的能力构成危害的发展"，或"在不危及后代人需求的前提下，寻求满足当代人需求的发展途径"。在当前的信息化社会，可持续发展有了新的含义：一方面是指需要不断发展来满足人们的物质文化需要；另一方面要求在发展过程中必须节约资源能源和保护环境，甚至能改善当前恶劣的生态环境。可持续发展的思想已经变成一种战略思维，它要求社会的进步和经济的发展以创新为驱动力，而非建立在高消耗高污染的基础上。例如，可持续发展的制造业提出，应该在产品的前期研究与策划阶段就融合进可持续发展的思想，把保护环境和节约资源能源的措施嵌入其中。在产品的设计和应用阶段都应该重点考虑环保节能问题，选择高品质的原材料和精良的制造工艺。在产品的生命周期结束之后，也应该方便循环利用和回收改造。

2. 可持续发展指明了制造业的前进方向。

未来的产品和市场的发展也指明了制造业可持续发展的道路。未来产品包括有形产品和无形产品，未来产品更加看重产品的多元化和层次化，并且提供了完善的周期性服务。在未来的社会，这种多元化和层次化的产品更受青睐，取而代之的是原来的标准模式化产品。未来产品更加趋向技术化和绿色化，并且未来全球市场相互之间的联系更加密切，成为一个全球大市场，我们可以通过信息技术重新配置资源，这也是实现可持续发展的一条重要措施。可持续发展的模式逐渐向智能化方向发展，通过鼓励企业提高自主创新能力，使得传统制造业的产品更加智能和环保。只有未来的产品能够实现循环利用，无污染低消耗，才能保证未来社会的可持续发展，只有大力发展绿色制造生产模式和技术，才能实现制造业的可持续发展。

3. 绿色制造：制造业的绿色革命。

传统的制造业既是我国的国民经济支柱产业也是高污染、高消耗的产业，要想实现制造业的可持续发展，必须提高生产技术，合理利用资源能源，降低污染物的排放。我国制造业实现可持续发展的重要模式就是实现制造业的绿色制造，并非仅仅关注企业的金钱利润，而应该全面协调生产、环保、节能、绿色之间的关系。绿色制造是一种综合考虑环境和资源效率的现代制造模式，其目标是使得产品从设计、制造、包装、运输、使用直至报废处理的整个产品生命周期中，对环境的影响几乎为零，尽可能少的耗费资源能源，协调企业的经济利润和社会的持续发展。绿色制造体现了可持续发展的观点，通过绿色制造生产出来的产品竞争力更强，能够提升产品出口创汇能力。

（1）环保观点。绿色制造要求整个产品的周期，从市场调研—产品策划—产品设计—产品生产—产品销售—产品使用—产品回收利用，都要符合环境保护的理念，节约资源成本。

（2）设计理念。产品的设计要改变原来追求成本和利润，而向重视环境与资源转变，绿色设计就是将产品的性能、质量、成本及开发的周期等因素最大限度的考虑在产品的全程设计中，将涉及的所有内容和因素进行优中选优，从而最大范围、最大规模的将产品设计的总流程可能造成的环境伤害降到最低。在产品设计的过程中，我们应该摒弃"一次性"的使用理念，通过绿色设计使所生产出的产品都能够循环利用，通过回收再造重新应用。

（3）管理观念。当前，很多企业特别是制造业企业高举"绿色制造"的旗号，它们生产的产品也确实是低污染低排放的产品，符合法律规定的指标，但它们却忽视生产过程中的污染问题。推进绿色制造，能够降低高污染、高浪费的现象，既能缩减企业制造成本，又能减轻对环境的破坏，真正增强资源的利用率。绿色制造也将为工人们创造一个良好的工作环境。

（4）绿色制造商机无限，推动其他领域经济的发展。实施绿色制造，要求对产品的各个环节都严加控制和监管，但是这也会产生一系列技术性问题，比如怎么进行"循环利用"，排放的废物如何回收处理等。如果能有企业以可持续发展思想为指导思想，提升生产技术，进行绿色制造，将会提早占领市场份额，获得巨大的经济利润。

（二）绿色消费的悄然兴起

在资本主义和工业革命的影响下，西方社会实现了农业社会向工业社会的过渡，"追求便利，崇尚消费"的工业社会生活方式也伴随而来。① 这种生活和消费模式刺激了消费，具有一定的积极意义，但是这种崇尚消费和方便的生活方式大量消耗了资源能源，污染生态环境，造成生态危机，凸显了工业文明的负面影响。1987 年英国学者埃尔金顿和海勒斯（Elkington & Hailes）在其著作《绿色消费者指南》中定义了"绿色消费"，还指明了要想做到绿色消费必须远离以下商品：（1）损害人类生命健康的商品。（2）过度耗费资源能源的商品。（3）过度包装导致的不必要的资源浪费的商品。（4）从珍稀保护动植物身上提取的商品。（5）损害发展中国家利益的商品。1992 年在里约热内卢召开的联合国环境与发展大会上制定了《21 世纪议程》，明确提出"所有国家均应全力促进建立可持续的消费形态"。自此绿色消费的理念一时在世界范围内传播开来并得到了广大反响。工业文明时期的消费模式崇尚消费和方便，从而导致了过度消耗资源能源和环境污染，所以只有绿色消费才能从根本上缓解生态危机。进行绿色消费，综合协调消费、环保、节能之间的关系，实现"发展"与"可持续"的融合，这也符合绿色消费的本质。

绿色消费主要有下列几个含义：首先，呼吁人们选择绿色制造的商品；其次，人们在消费商品的过程中要注意减少污染，合理处理废弃物；最后是转变人们的观念，呼吁人们在消费的同时注意节能和环保，提倡可持续性消费。绿色消费概念的提出，转变了人们传统的崇尚个人消费和便利的消费观念，把个人消费和生态保护有机融合起来，摒弃了传统的过度消费行为。此外，如果人们坚持绿色消费的方式，将会促使制造业企业采取绿色的生产方式来生产绿色产品，从而能够从源头上摒弃污染、保护生态，促进人、自然、社会三者的和谐相处。

在消费过程中的"生态性"是评价绿色消费的标准，消费

---

① ［日］岩佐茂著，韩立新等译：《环境的思想：环境保护与马克思主义的结合处》，中央编译出版社 1997 年版。

的"生态性"指的是我们在消费的过程中既要满足当代人的需要，又不损害后代人的需要，消费的同时也要注意对自然界的保护。绿色消费不仅要求合理利用资源能源，也要求尽可能减少污染物排放。人们进行绿色消费，也就是在消费过程中注重消费的"生态性"，即公正公平地可持续消费，我们不能因为自己的消费影响别人的正常消费，也不能因为当代人的消费影响子孙后代的消费。除此之外，绿色消费在其发展过程中也是不断进步和完善的，西方经济学的"零增长"理论是对经济增长持否定和悲观态度而主张停止经济增长和人口增长的一套理论，但是如果一旦停止经济增长和人口增长，就会使整个社会失去活力，使得经济水平和社会发展停滞不前，容易引发社会危机。当前世界大多数国家也都认识到了"零增长"的负面效应，拒绝"零增长"。绿色消费借鉴了"零增长"理论的消极影响，一方面强调在消费过程中必须遵循自然定律，保护生态环境，公平公正地进行消费；另一方面也提出我们应该通过技术革新提升人们的物质文化生活水平，拒绝"零增长"。

（三）人机关系的思维方式变革

1. 人机关系的转换。

（1）人机关系在制造业中的发展历程。在生产力水平低下的自然经济时期，手工业者主要承担着生产产品的重任。拥有高超生产技艺和技巧的工匠们利用生产工具生产出各式各样的精致产品来满足人们的需要。此时的人机关系主要表现为工匠和生产工具的关系。工匠的技艺和经验与简单的生产工具相结合，人类与机器处于一种低水平的和谐关系。为了提升劳动生产效率，工匠们深入钻研，创造出更加高级的生产工具，很多工具的改进都符合人类工效学的理论。在我国古代，以孔孟思想为代表的儒家思想占正统地位，工匠们地位低下，没有机会学习科学知识，只能靠着在长期的生产实践中总结出来的经验进行生产。我国的制造业一直落后于其他国家，其原因很多，有一点是与工匠地位的低下分不开的。以英国为发端的第一次工业革命是人类发展史上一次巨大的革命，机器生产代替了手工劳动，人类进入蒸汽时代，蒸汽动力在很大程度上代替了人类的手工劳动，人类从繁重的体力劳动中逐渐解脱出来并取得主体性地位，社会生产率不断提高，人们与机器处于相对和谐的关系。

各种制造业大机器的出现，满足了人们为了追求更高的生产效率的野心，机器在一定意义上成为了制造业的核心。第二次工业革命的来临，人类进入电气时代，自动流水生产线也被应用于制造业，机器的生产效率进一步提高。但是随着生产效率的进一步提高，人机之间也出现了无法避免的矛盾，人们成了流水生产线上的一个部件，完全为机器生产服务，这种现象我们称之为科学技术对人类的异化。

关于人机关系的研究是现实的需要。在 19 世纪 80 年代左右，"科学管理之父"弗雷德里克·温斯洛·泰勒专门对人机关系进行了研究，研究指出：第一，我们应该通过提升人们的理论知识水平和机器操作水平来适应机器的应用，这也是处理人机关系的主要办法；第二，通过改良生产工具来使人们能够更加舒适安全地进行操作。英国的保健服务行业曾针对此问题展开过专门的调查，邀请有关专家学者研究人体的疲劳情况。主要研究了工人在生产线进行生产时的姿势、工作时间、车间温度、湿度、日照情况等，希望通过改良生产环境和生产规范来缓解工人们的劳累，进而提升生产效率。很多其他发达国家的科学家也对人机关系进行了深入研究，并且将其理论应用于生产实践，促进了良好的人机关系的形成。1939 年第二次世界大战爆发之后，各国都受到战争的破坏，产品供需十分紧张，因此制造业开始研制生产效率更高的大机器。生产效率极高的机器超出了人类的极限，机器的生产过程与人类的身体状况和心理状况不相匹配，安全事故频发，人机关系凸显不和谐，专家学者开始重新探讨人机关系。

经过对这些安全事故案例的研究，我们得出，人已经成为影响制造业中的决定性要素，并且开始重新审视人机关系，在机器的生产设计过程中也嵌入了相关要素，来保证操作机器的人的舒适性和安全性，机器的设计开始适应人的需要。

20世纪上半叶掀起的现代科学技术革命，使得计算机技术、现代设计理论与技术、现代管理科学技术等高端先进的科技得到了极大进步。科学技术革命的最新成果与先进制造技术相互结合，使得先进制造技术实现了跨越式发展。制造技术基础设施不断完善，人的问题得到了优先考虑，在生产过程中注重关怀人的身体健康和心理健康，人机关系比较和谐。

（2）先进制造技术背景下的人机关系。先进制造技术就是指集机械工程技术、电子技术、自动化技术、信息技术等多种技术为一体所产生的技术、设备和系统的总称。先进的制造技术使得生产效率更高，逐步朝自动化、控制化、智能化、集成化、柔性化方向发展。自动化的发展在很大程度上实现了人与机器的分离，可以使机器单独的从事生产，人类可以脱离直接的生产程序，人类主体性得到进一步提升；人工智能技术的发展，使得机器具备高度的智能性，能够代替人们去完成高强度、高难度、高危险性的工作，人们能够从繁重的机械劳动中解放出来，能够拥有更多的时间去进行更高层次的创造性劳动。在集成化生产过程中，制造企业中的各个部分是一个互相紧密相关的整体，生产之间的分工界限逐渐模糊，制造的流程实际是集数据的收集、分析、输入输出以及应用为一体的总过程，而产品从这一层面上来看，实际是一种数据的外在表现。人们可以参与从产品策划到产品售后的各个环节，能够全面充分的发挥人的潜能。制造业中的柔性技术主要表现在两个方面，一方面是指生产能力的柔性反应能力，即机器设备具备小批量生产的能力；另一方面指的是供应链的敏捷和精准的反应能力。柔性生产技术使得效率与柔性得到兼顾，使得机器的柔性和人类的柔性都得到增强。网络化生产的发展使得合理配置社会资源和人力资源成为可能，生产过程更加宏观和全面，突破了传统生产的片面性。

人类与技术一旦出现不可调和的矛盾，必定会影响技术的可持续发展。FMS（Flexible Manufacture System）和 CIMS（Computer Integrated Manufacturing Systems）监测与制造系统就充分说明了这一点。美国的制造业曾经遭遇严重挫折，经过反思与总结，他们发现过分提倡自动化而忽略人的因素是制造业受困的深层次原因。美国先进制造技术公司研究表明："实施 CIMS 的阻力 70% 来自与人有关的因素，在自动化进入到比较成熟的发展阶段后，就需要在一个更高水平上发挥人的主动性和创造性"。①计算机集成制造（CIM）是一种企业生产制造与生产管理进行优化的哲理。随着自动化和集成化产业的发展，必然会与自然界产生不和谐的关系，面对这一系列特殊情况，只有依靠我们人类的智慧和知识才能做出迅速回应，人的创造力和想象力是解决突发问题的关键。在现代制造业的发展过程中，人类的作用看似变小，其实是进入了一个更高的层次，由原来的操控机器变为高端的全局管理。1990 年，麻省理工学院的沃麦克等在《改变世界的机器》中指出，日本作为一个资源小国，其制造业发展十分迅猛的原因是：充分发挥人的主观能动性，以人为本，适度采用自动化的机械生产，对整个制造业进行宏观层面的科学管控。美国政府学习日本的先进经验，提出了"以人为本，适度自动化"的制造业发展规划。

2. 转变思维方式，贯彻绿色制造。

转变传统思维方式的关键是进行思维范式的改变，思维范式是立足世界观、认知体系、信念等而形成的固有的、稳定的、反复使用的、具有范例特点的思维规范。思维方式的转变并非是在传统范式的框架之下提出一种新的理论或思想，而是应该综合考

---

① 唐代盛：《可持续消费初探》，西南财经大学，2002 年。

虑各种因素，具体问题具体分析，实现思维范式的转变。在绿色制造背景下，应该将可持续发展的思维贯彻到社会各方。

（1）促进单一化思维向整体性思维过渡。单一化思维方式是一种单一、狭隘的思维方式，忽略了事物的整体性和系统性，经常只是看到事物的一方面，而忽视了事物的其他方面，在处理问题时手段单一，甚至容易走极端。在工作中，往往也做不到具体问题具体分析，不能从宏观系统的角度处理问题。整体思维是指从全局视角和长远眼光把握事物发展总体趋势和方向、客观辩证地思考和处理问题。长期以来，我们在工作中也存在这种孤立、片面的思维，一切工作围 GDP 打转，一切指标唯 GDP 是瞻。因为以 GDP 论英雄，一些领导只要政绩不要政声，大搞"形象工程""政绩工程"，金玉其外却败絮其中、做足面子却伤了里子。其最终结果或许是 GDP 提高了，但是环境污染、生态恶化、影响了子孙后代的生存，造成了十分惨痛的教训。只有树立整体性思维，才能在全社会范围内促进"五位一体"的建设和发展，从而在更高的层面上推动国家的整体进步，在这个过程中，个人的发展也得到了保障。我们应该从宏观角度着手建立全方位的社会管理体系，使政府、企业、公民能够相互配合。任何片面的、孤立的、形而上学的思维模式都是不可取的，这些思维模式也无法保证可持续思想的落实。

（2）促进静态思维向动态思维的过渡。我们生活的大环境是一个不断变化的有机系统，我们应当用运动发展的观点来解决问题。动态思维是一种依据外界客观情况的变动而不断调整和优化思维程度、方向和内容，以达到思维目的的思维活动。动态思维要求我们摒弃竭泽而渔的功利性思维，树立绿色和谐的长远性思维。功利性思维切断了质变量变之间的有机转化，往往只重视眼前的利益而忽视了事物的发展规律，甚至不惜浪费资源能源，破坏生态环境，最终给人类的长期发展带来了负面影响。长远性思维更加遵循质变量变的转化定律，遵循自然界的发展定律，坚持人与自然和谐共处的可持续发展的理念。坚持长远性思维需要做到以下几点。第一，正确处理质量和速度之间的关系，一方面，我们需要看到质量与速度是相互联系的，没有必要的速度就不会产生效益；另一方面，必须更加注重发展的质量和效益，不能走"先污染，后治理"的老路，应该把握质量和速度的统一，用长远性思维和持续性思维辩证地看待速度和质量的关系，在经济快速发展的同时，也应该注意优化资源配置、保护环境、调整产业结构。第二，要用长远性思维来看待保护生态与促进经济进步的关系。在工业文明下，为了单纯追求经济高速发展，不惜破坏环境为代价，但是长远性思维和科学发展观念十分重视自然的保护和生态的平衡，倡导绿色制造、循环发展，实现人与自然的和谐共处。在协调经济发展与环境保护这个问题上，政府应该发挥主导作用，加大财政投入，完善法律法规，与企业相互配合，实现经济与环境的和谐发展。

（3）促进孤立思维向整体思维的过渡。联系的普遍性是指一切事物、现象和过程都不是孤立存在的，它们相互作用、相互影响、相互制约。发展也是联系的，任何事物的发展与其他事物都是分不开的，因此这就要求我们在认识世界和改造世界的过程中充分利用整体性思维意识。在新形势下，党提出的"五个统筹"就是充分运用整体思维来解决社会矛盾、社会发展和社会运行的良好体现。例如，统筹城乡发展就是在理论和现实两个层面更多地关注农村发展问题，推动政策向农村倾斜，从全局角度来看待城乡发展，就是要推动以工业带动农业，以城市帮扶乡村，在推进过程中将城乡发展差距逐步缩小，促进城市乡村共同发展。统筹区域发展即多方面多角度的考量涉及区域发展的多个环节和多种因素，从而促进区域发展的一体化和协调性。统筹经济社会发展，就是要实现经济社会协调发展，从整个社会的角度出发，兼顾经济的进步和社会的和谐。统筹人与自然和谐发展，就是既要满足人民的物质文化需要，又不能损害自然环境和生态平衡，实现的可持续发展。统筹国内发展与对外开放，即要从纷繁复杂的国际国内形势中规避风险，迎接挑战，抓住机遇，充分将两个市场、两种资源利用起来。综上所述，只有站在全局的高度，用整体性思维来协调各方面的统一和发展，才能更好地解决好复杂的社会矛盾，促进社会的整体和协调发展。从根本上说，"五个统筹"战略反映了社会主义现代化建设的客观规律，体现了社会主义社会全面发展的战略构想。

（4）促进线性思维向非线性思维的过渡。线性思维方式，是把认识停留在对事物质的抽象而不是本质的抽象，并以这样的抽象为认识出发点的、片面、直线、直观的思维方式。人们在思考问题时长期受这种线性思维模式的影响，在思考问题时容易出现非此即彼、非对即错的错误倾向，不考虑其他方案中正确和有效益的东西，简单地进行二选一的抉择和选择。线性思维模式把社会发展简单地等同于经济的发展，容易引发相关社会问题。非线性思维则是相互连接的，非平面、立体化、无中心、无边缘的网状结构，类似人的大脑神经和血管组织。我们生活的世界是一个非线性的系统，其中除了有最重要的人的因素，还有不可忽视的与人类生活密切相关的自然因素和社会因素，这些因素相互影响共同维持世界的运转。当前社会，机遇与挑战并存，社会矛盾比较突出，如果处理不好这些矛盾，很容易牵一发而动全身，引发社会的"蝴蝶效应"。因此，我们必须以非线性的思维模式来处理社会事务，研究整个社会的发展模式、作用机制、表现形式，综合考虑各种因素，充分将非线性思维体现到我们的社会生产生活的方方面面，更好地对社会和我们生活的世界进行把控。

（5）促进物本思维向人本思维的过渡。物本思维认为，发展等于增长，人是发展的工具，很显然这是一种片面地、不科学的认识，它忽视了在经济发展过程中可能出现的环境问题及人与自然的矛盾问题，更重要的是它忽视了人的价值，导致"物的世界的增值同人的世界的贬值成正比"①。在全社会范围内倡导科学发展观的理念，以此统领社会建设，坚定地树立"以人为本"的观点，在绿色制造的发展过程中重视人的作用，坚持人本思想。人民群众是社会变革的决定力量，中国的发展壮大离不开人民群众的努力，"中国的一切发展都是为了实现最广大的人民群众的利益。坚持以人为本，就是要使发展为了人民，发展依靠人民，发展成果由人民共享。如果不坚持运用人本思维，不及时而清醒地强调和落实发展为了人民、发展依靠人民、发展成果由人民共享这个本质特征，发展的走向就有可能会偏离党的根本宗旨和人民的意愿。所以说，能否实现从物本思维向人本思维的转变决定着发展的性质、结果和意义，也决定着社会主义社会发展的前途"。

---

① 陈耀年、覃正爱：《科学发展观与思维方式的变革》，载于《人民论坛》2006 年第 11 期，第 60~61 页。

第五章

中国绿色制造的实践探索

一、中国制造业发展的远景规划

制造业是按照市场要求，经过系统熟练地制造过程，将制造资源加工制造成工业产品、生活用品、消费品的行业。制造业是我国的支柱产业，在国民经济发展中占有重要地位，拥有较高的经济贡献率。当前，我国正处于社会转型关键期，制造业的发展显得更加重要。自新中国成立，我国制造业可以分为两个发展阶段：第一阶段是 1949 年新中国成立至 1978 年改革开放，我国实行国民经济五年计划，从苏联等制造业强国引进重要制造业项目，全面提升了我国的制造业水平，初步建立了完整的制造业体系；第二阶段是从改革开放以后至今，经过不懈的努力和发展，中国的制造业产值数量已居世界第一，但是想要赶上世界发达国家的先进制造业水平，我们还有很长的路要走。我国制造业目前的任务就是提升制造业的质量和水平，向制造业强国迈进。

《中国制造 2025》（又被称为"中国版工业 4.0 规划"）的颁布体现了我国向制造业强国迈进的决心和勇气，《中国制造 2025》在我国工业发展进程中具有重要意义，是推动制造业由大变强，是实现经济稳增长、优化制造业资源结构配置的纲领性文件。《中国制造 2025》是我国实施制造强国战略第一个十年的行动纲领，其根本目的是实现我国制造业由大变强，提升制造业的国际竞争力，以制造业的繁荣和发展，实现中华民族的伟大复兴。《中国制造 2025》是党中央、国务院总揽国际国内发展大势，站在增强我国综合国力、提升国际竞争力、保障国家安全的战略高度做出的重大战略部署，比以往的政策力度更大，并且在行业准入、税收、财政、产业体系等方面都做出了新的部署和规定。

（一）全球分工背景下的《中国制造 2025》

1. 全球分工的新趋势。

（1）以生产环节和生产工序为基础的产品内国际分工日益盛行。各国之间不再是以产品最后生产出来为生产关系发生的标志，在研发、设计、制造、售卖、运行各环节都有生产上的联系和交接，价值链各环节的要素密集度决定生产各环节的分工定位而不是产品的平均要素密集度决定的。因此，国际分工深入到同一产业同一产品价值链上具有特定要素密集度需求的各个环节，形成了服务于全球生产网的区域或全球加工基地、制造基地、研发基地、采购或营销基地，改变了早先所谓的发达国家集中于高资本、高技术密集产业，而发展中国家集中于劳动密集型产业的分工格局。这一趋势的潜在含义是特定国家可以向所有行业扩展其在特定要素密集环节中的优势。

（2）世界市场的内部化趋势日益加强。不同生产力水平的国家虽然可以同步发展同一产业，但由于该行业世界市场趋于内部化，各国所得收益之间存在巨大差距。专业化知识、管理技能和品牌经营所创造的资产价值远高于有形的商品制造的价值。具有知识密集的产品设计、研究开发、管理服务、营销和品牌管理等优势的国家，依靠控制专利、标准和品牌，通过价值链布局，在生产过程而不是流通过程中就已实现垄断性收益分配，超国界的配置全球要素的能力成为确保国际分工收益的重要依托。这一趋势的潜在含义是：充当全球调控中心、全球实验室、全球研发基地和全球物流基地的国家或地区相对于全球制造基地、全球加工基地具有明显的增值优势。

（3）世界范围内出现了非股权联系的厂商层级制关系。分包活动的普遍性使得越来越多的独立厂商被卷入跨国公司主导的内部分工网，全球生产网络日益渗透到国别经济内部，瓦解了以国家为基本对象的国际分工格局。各国企业之间尽管没有股权联系，却具有"领导"和"从属"的关系，国际分工的微观形态体现为行业内领袖型企业与受控制的供货商间的等级关系。这一趋势的潜在含义是：是否拥有产业领袖型企业对国家在国际分工中能否拥有主导地位具有重要影响。

2. 全球制造业发展的"三大诉求"。

（1）生态诉求。制造业是创造人类财富的支柱产业，传统制造业在工业化进程中，带给了人类巨大的经济利益和物质享受，但不可否认的是在这个过程中也导致了生态危机和资源浪费。面对日益恶化的生存环境，人们开始逐渐重新思考如何利用自然、保护地球的问题。而企业作为制造业的重要依托，不仅要创收经济还要为环境埋单。制造业的可持续发展和绿色制造思潮表现出强烈的生态诉求，这种诉求一方面呼吁企业在制造的过程中尽可能地做到充分利用资源；另一方面又要最大可能地避免污染。传统的制造业在生产过程中基本都是高强度浪费资源，不考虑环境，同时对于产品的认识是设计到报废的过程，不考虑其价值意义。因此对我们生存的地球环境造成了极大的威胁，污染了人类的生活空间。对于此问题的严重性，社会各个层面都已经高度重视，解决这个问题也是迫在眉睫。尤其在科技日新月异进步的今天，产品的更新更加迅速，资源废弃成为亟须解决的又一难题。对此制造企业不可避免的要承担大部分责任，需要通过转型走绿色制造之路，改变当前的困境。

　　制造业发展的生态诉求，需要改变制造业以利益为最终追求的发展模式。传统制造业基本不考虑环境和污染问题，只将经济效益考虑到生产和制造过程中，这也造成了制造业发展举步维艰的局面。生产者把原材料制造成产品，产品使用后报废弃入环境，在工业生产过程和产品的使用过程中，向环境排放大量的废气、废水和废渣等，这些物质是主要的环境污染物。这是一种不可持续发展的制造模式。因此，制造业的可持续发展特别提出了一种对于环境友好、资源节约的生产模式的需求，将生态效益同样作为自身的效益产出。目前，科学技术革命正在如火如荼地进行，科技前沿领域如新材料、纳米技术、生物技术纷纷出现新的成果并将进一步运用到生产活动中，信息技术如大数据、物联网逐渐与制造业合作发展，使得制造业在信息技术支持下向新的制造模式转变，科学技术的发展催生传统制造业以更快的速度、更优的质量实现产业的转型。目前制造业已经顺应潮流，开始逐步向绿色制造迈进。因此，绿色制造这种资源优化利用与环境保护治理一体化的新的制造模式，正是对制造业发展的生态诉求的积极回应，也会成为解决制造业可持续发展问题的根本方法和途径，成为 21 世纪制造业发展的必由之路。

　　（2）创新诉求。创新是发展的不竭动力。世界各国纷纷开始进行企业创新以回应制造业亟须创新模式变革的要求。发达国家为提高综合竞争力，掌握技术核心，致力于科技创新以便在新一轮竞争中占据主导地位。如美国积极构建制造业创新网络，英国加紧建设"产业技术创新中心"，都是想要通过科技创新为产业发展输入动力，同时以更快的速度推进技术向产品转化。发达国家的这些行为旨在建立以创新为核心的新兴制造业生态系统，促进制造业变革。中国要以敏锐的眼光觉察到这一重要趋势，从国家层面积极推动创建以创新为核心的制造业模式，尽最大可能缩小与发达国家之间的差距，以便在竞争中把握主动权。世界各国普遍认为，国家经济的重要支撑和国家发展的基础产业是制造业，而不是虚拟经济。特别是在经历了 2008 年全球金融危机之后，实体经济的重要性被重新认知，美国、德国、英国、法国等发达国家相继提出"再工业化"战略。印度等发展中国家也在加快谋划和布局。中国提出了《中国制造 2025》战略规划，着力推进制造强国建设。各国高度重视制造业的转型和变革，中国也紧跟时代主流，提出《中国制造 2025》，大力推进由制造大国向制造强国的转变。

创新是《中国制造 2025》的核心驱动，未来随着新一代信息技术与制造业的深入融合，制造业生产方式、企业组织、产品模式等都将发生巨大变化。作为企业的发展，在传统的制造业发展过程之中，它可能面临很多的瓶颈，创新有助于帮助企业在发展中找到适合自己发展的道路。制造业囊括了生产生活用品、工业产品、军工产品等，是经济发展的重要支柱产业。在制造业中，一个不可忽视的重要因素是人类的制造能力，它决定着制造业发展的优劣。当今世界正处于快速发展和重要转型期，各行各业都在加快变革，制造业作为基础产业自然也不例外，制造业模式正在逐渐发生着改变，一种是以产品为中心，一种是以客户为中心。以产品为中心，生产既有数量又有质量的能满足人们各项需求的产品；以客户为中心，一切以满足客户要求为中心，针对不同群体，设计生产不同产品。目前全球范围内的制造企业的制造理念和制造过程都是以这两种模式为指导的。深入思考我们会发现，无论是以产品为中心的制造还是以客户为中心的制造，都是围绕着产品和人类生活进行的，在这个过程中，其实存在着大量的资源浪费、环境恶化、生态危机等问题。尤其是现代的制造业成批量大范围的进行生产制造，造成了很严重的环境问题，当这一切威胁到人类自身的生存发展时，人类开始反思并寻找一种新的制造业发展模式，于是绿色制造被正式提出。

（3）经济诉求。制造业也是经济发展的支柱，绿色制造的发展也必然有着自身的经济诉求。目前绿色制造的理念已经得到全世界范围内的广泛认可，对于中国来说，真正将绿色制造理念深入到每一个国人心中并将此理念运用于实践，还是一个长期的过程。目前在应用方面中国还处于起步阶段，在今后制造业发展过程中，应该以创新为核心发展绿色制造，使资源能源的使用量最大规模的减小，对环境造成的污染最大可能的降低，对生态的破坏最大限度的弱化，使我国的制造业发展向绿色制造转型，向国际标准靠拢。目前绿色制造已经在许多国家和地区作为国家战略实施开来，体现在实践中的很有代表性的一点就是低碳经济的提出。2003 年英国政府发布能源白皮书《我们能源的未来：创建低碳经济》。低碳经济是与过去工业发展的"三高"模式相对立的低能耗、低污染、低排放的发展模式，其中贯穿着可持续发展的理念，这样看来，低碳经济成为绿色制造的基本诉求。

绿色制造的经济诉求，是发展一种低碳的经济发展方式。推行绿色制造，就是在产品生产和制造过程中，减轻资源能源浪费的现象，减少对环境的污染和破坏，提高资源利用效率，对于大众来说既享受到了高品质的产品又拥有高质量的环境，对于企业来说，既提高了企业效益又不再需要为环境污染埋单，对于企业员工来说，既拥有美好的工作环境又能提高工作效率。因此，绿色制造的实行将会是一种多赢的结果。而绿色制造的基本诉求低碳经济，就是要通过技术整合、技术创新、技术研发等开发创造出减轻"三高"模式的新生产技术，实现资源利用最大化，能源消耗最小化，促进生态与经济的和谐发展，在这个过程中需要绿色制造、智能制造、先进制造的技术支持保障低碳经济的顺利发展。目前已有很多跨国企业都纷纷在不同程度上开始推行绿色制造战略，开发绿色产品，如德国的西门子公司、日本的丰田和日立公司、美国的福特集团等。《制造与技术新闻》期刊在一篇题为《绿色制造是优先发展战略》（*Green Manufacturing Is A Strategic Priority*）的头条报道中指出："在不久的将来，无论从工程还是商务与市场的角度，绿色制造都将成为工业界最大的战略挑战之一"。

3.《中国制造2025》提出的国内背景。

（1）制造业资源能源消耗过度。我国制造业经过近几年的持续发展，逐步成为世界制造中心，制造业出口量不断增加，从2010年起，我国制造业产出占世界产出的比重连续四年位居第一，而且在500余种主要工业产品中，我国有220多种产量位居世界第一。中国目前共计有24个行业，其中的21个已经出现严重的产能过剩问题，冶金业、服装业、钢铁业都是产能过剩的代表性行业。以钢铁业为例，根据中钢协的统计，2010年末我国炼钢产能8亿吨，2011年新投产炼钢产能约8 000万吨，淘汰落后的产能约3 000万吨，年末粗钢产能在8.5亿吨左右。根据冶金工业规划研究院发表的数据，截至2011年年底，我国的粗钢产能高达9亿吨左右。但2011年，我国粗钢产量为6.83亿吨，国内钢铁产能严重过剩。按照目前发展情况，其他制造业产业也面临钢铁行业所面临的风险。

（2）创新驱动力不足。改革开放以来，以市场换技术的方式，大量引进外资和技术，以解决我国经济社会快速发展的问题。但付出的代价是国内市场被跨国公司抢占，出口利润被外商大量盘剥，而想要得到的高新技术特别是核心技术却是寥寥无几。出口竞争力比较强的产品，主要是纺织品、服装、鞋类、玩具，以及家电、电器元件、机电产品等，这些产品是低附加值产品，个别高新技术产品也主要是来料加工或来件组装产品。在合资企业中，外商掌控着核心技术和销售渠道，我们一边要付出高昂的专利费，一边用低廉的劳动力制造外国品牌的产品，换来的只是微薄的利润。低廉产品、缺乏自主知识产权的产品，是我们在国际市场上的形象。由于自主创新能力不强，事实上我们不是制造强国，而是替人打工意义上的制造大国。

（3）基础网络设施建设滞后。《中国制造2025》文件提出，要通过信息化和工业化的相互融合来带动制造业的进步，工业化和信息化的深度融合是建设制造强国、走新型工业化道路和转变发展方式的重要动力。但是当前我国信息化水平较低，与工业化结合程度低，信息基础设施建设不完善，在全世界仍处于相对落后的局面。在《2015 年全球信息技术报告》中公布的"网络就绪指数"（Networked Readiness Index，NRI），我国排名由 2012 年的第 51 位下滑至第 62 位，严重低于新加坡、美国、日本等国家。[①] 特别是我国信息化发展区域差异大，西部地区更加落后，信息基础设施缺乏，网络覆盖率低。如果连最基本的信息网络设施也无法达到标准，那就无法适应"互联网＋"的新趋势，工业化和信息化也无法深度融合。

（4）人工成本优势丧失。数据显示，当前制造业每投入一元的工资，在欧美发达国家能获得 3 倍左右的产值，在东南亚一些国家可以获得 5.8 倍左右的产值，但是在中国仅仅能获得 2.8 倍左右的产值。这说明我国的劳动力成本优势已经不复存在。我国已经逐渐进入老龄化阶段，东南沿海地区已经出现了"用工荒"现象，尤其是劳动密集型产业和制造业。许多大的制造工厂，如耐克公司、富士康公司等都逐步到劳动力相对廉价的东南亚国家建厂，部分外资企业也从我国撤离。我国以往的廉价劳动力优势已经丧失。

（5）资源利用率不高。我国制造业以重工业为主，制造业在发展过程中需要耗费大量的资源能源，并且会造成比较严重的环境污染。很多科技水平较低的企业为了追求经济效益，只能加大资源能源的投入力度，使得我国的资源利用效率较低。数据显示，我国单位 GDP 能耗约为世界平均水平的 1.9 倍、美国的 2.4 倍、日本的 3.65 倍，甚至比巴西、墨西哥等发展中国家还要高。

4.《中国制造 2025》提出的国际环境。

---

① 苗圩：《做好信息化与工业化深度融合这篇大文章》，载于《人民日报》2014 年 11 月 13 日。

（1）发达国家制造业回流的影响。2009 年至 2012 年，美国政府实施了若干项吸引制造业回流、促进经济增长的政策，诸如"购买美国货""五年出口倍增计划"等，效果特别显著。世界500 强企业的卡特彼勒公司将海外挖掘机的产能转移回得克萨斯州；通用电气集团把外包给中国和墨西哥的工作职位转移回到路易维尔市，并新建高密度电池厂；惠而浦公司在田纳西州投资21 亿美元开设新厂；苹果公司投资 1 亿美元将部分计算机生产线移回美国，等等。得益于薪酬停滞、弱势美元及页岩气技术突破带来的廉价能源，美国本土现已成为大型跨国公司最理想的投资地点，西门子公司在美国兴建了燃气涡轮工厂，空中客车在亚拉巴马州投资 6 亿美元新建组装厂，三星公司斥资 40 亿美元扩建得克萨斯州的芯片厂。有关数据显示，2011 年美国制造业就业人数增加 48.9 万人，达到 1 190 万人，增长 4.3%；与此同时，大型跨国公司减少了对发展中国家的投资，2012 年上半年中国吸引 FDI 同比下降 3%。目前，美国已将制造业成本同中国的差距缩小到 5%，波士顿咨询集团曾表示，美国的金属制品、机械产业、计算机及零部件等领域将于 2020 年实现产品自给，无须再从中国进口。[①] 面对传统出口市场的逐步萎缩，中国制造业亟须解决剩余的生产能力，开辟新的产品市场。

（2）欧美国家"双反"调查的影响。在对所有制造业进行SWOT 分析的基础上，欧美发达国家不约而同地选择了"先进制造业"作为工业复兴的主要突破口，对生活型制造业（如纺织、服装、家具和鞋类等）与资源型制造业（如矿产、钢铁、造纸等），则通过关税及非关税壁垒加以保护，同时加大对进口商品"反倾销、反补贴"的调查力度，努力扭转贸易逆差。根据《1930 年关税法案》，美国国际贸易委员会（USITC）于 2010 年

---

① 章立东：《"中国制造 2025"背景下制造业转型升级的路径研究》，载于《江西社会科学》2016 年第 4 期，第 43 ~ 47 页。

至 2012 年共发起 112 起"337 调查"，其中 39 起针对中国企业，占比约为 38.42%。欧盟对华发起的"双反"调查越来越多，调查内容包括了光伏产品、光面纸、大豆蛋白产品、不锈钢无缝钢管、陶瓷产品、卫浴产品、铝箔产品、螺纹钢等。[①] 中国制造企业疲于应付各种贸易调查，而欧美企业却能抓住机遇，大力开拓全球市场，极力挤压中国制造业的生存空间，光伏产业更是首当其冲，遭受重创。

（3）中国制造业海外收购的阻力。欧美发达国家对中国制造业海外扩张一直保持着高度警惕。迪罗基（Dealogic）公布的数据显示，2010 年中国企业的境外收购失败率高达 11%，位居全球榜首，而美国、英国企业海外收购失败率仅为 2% 和 1%。众所周知，跨境投资是合理配置全球资源的重要方式，美国的海外直接投资早在 1990 年就达到 4 215 亿美元的峰值，即使在经济不景气的 2010 年也保持了 3 255 亿美元的较高水平；而中国的跨境直接投资起步较晚，直到 2013 年才突破千亿元大关。只有充分借鉴国外经验，减少境外投资、收购的失败率，才可以充分地利用全球资源、能源、技术等，支撑我国工业化与信息化的深度融合与发展。面对一场全球范围的产业剧变，中国制造业正站在十字路口上，2014 年我国工业增加值实现 22.8 万亿元，GDP 全球占比达 35.85%，巨大的工业经济存量如同一把悬顶的"达摩克利斯之剑"：[②] 产能过剩、制造业疲软对中国经济的负面影响远甚于欧美发达国家，若低端守不住，会给经济带来硬着陆的风险；若高端上不去，中国将失去经济增长的引擎与动力。立足于转变经济增长方式的实际需要，中国政府于 2015 年 3 月提出的《中国制造 2025》战略，围绕创新驱动、先进制造、高端装备、

---

① 章立东：《江西社会科学"中国制造 2025"背景下制造业转型升级的路径研究》，载于《江西社会科学》2016 年第 4 期，第 47 ~ 48 页。

② 章立东：《"中国制造 2025"背景下制造业转型升级的路径研究》，载于《江西社会科学》2016 年第 4 期，第 49 ~ 50 页。

智能转型等关键领域，促进制造业加快转型升级。

（二）《中国制造 2025》的重要部署

1. 整体框架。

《中国制造 2025》由工业和信息化部会同国家发展改革委、科技部、财政部、质检总局、工程院等部门和单位联合编制。《中国制造 2025》的框架可以简要总结为"一二三四五五十"。

"一"即一个目标，制造业大国已经不是我们的最终追求，我们要向制造业强国进军，实现制造业强国的一个目标。

"二"即在向制造业强国迈进时充分利用工业化和信息化的融合。这是紧跟党的十八大提出的发展趋势，对于我国制造业来说，是必须占据的制高点和发展的方向。

"三"即在制造业发展战略上要经过"三步走"。总体上用三十年分三阶段稳步促进我国从制造业大国向制造业强国的转变，实现一个目标。

"四"即确定了四项发展原则。第一项原则是市场主导、政府引导。第二项原则是既立足当前，又着眼长远。第三项原则是全面推进、重点突破。第四项原则是自主发展和合作共赢。

"五五"即实行两个"五"。一是五条方针，即创新驱动、质量为先、绿色发展、结构优化和人才为本；二是五大工程，第一个就是制造业创新中心的建设工程；第二个就是强化基础的工程，我们叫强基工程；第三个是智能制造工程；第四个是绿色制造工程；第五个是高端装备创新工程。

在整体框架的基础上，要求重点突破包括新材料、生物、信息技术在内的十个关键领域。通过国家的《中国制造 2025》战略部署，为接下来绿色制造的发展提供了坚实的保障和支持，也指明了今后制造业的发展方向，全社会要齐心协力，以企业为重点，学习贯彻《中国制造 2025》，为实现我国从制造业大国向制造业强国的转变共同努力。

2. 战略方针和指导思想。

《中国制造2025》是中国工程院的专家团队经过近三年的研究论证才制定出来的。要实现这个战略的最终目标，需要全社会各方精诚合作，在接下来的三十年左右的时间去完成转变，使中国成为制造强国。《中国制造2025》，是我国实施制造强国战略第一个十年的行动纲领，为接下来的制造业发展规划好了路径和时间。部署《中国制造2025》，努力打造制造强国，就是要经过三十年时间的进步努力把我国建设成具有国际地位的制造强国，更进一步提升国际影响力，为中华人民共和国成立一百年献礼，同时夯实"中国梦"的经济基础。因此，《中国制造2025》的指导思想主要是三个"坚持"，即坚持"创新驱动、质量为先、绿色发展、结构优化、人才为本"的基本方针，坚持"市场主导、政府引导，立足当前、着眼长远，整体推进、重点突破，自主发展、开放合作"的基本原则，坚持通过"三步走"的战略部署来实现制造业强国的目标：第一步，到2025年迈入制造强国行列；第二步，到2035年我国制造业整体达到世界制造强国阵营中等水平；第三步，到中华人民共和国成立一百年时，我制造业大国地位更加巩固，综合实力进入世界制造强国前列。

3. 任务重点。

《中国制造2025》明确规定其战略目标，即通过政府的引导和资源的整合，实施战略目标和任务的落实，这个规划的重点任务表明：一是提高国家制造业创新能力，着力于完善以企业为主体、市场为导向，政产学研用相结合的制造业创新体系，提升核心环节和重要领域的自主创新能力；二是加强信息化与工业化二者的融合，进而使得生产过程更加智能化，建立新型生产模式；三是强化工业基础能力，致力核心基础零部件（元器件）、先进基础工艺、关键基础材料和产业技术基础四大基础攻关，解决工业基础薄弱的问题；四是夯实质量基础，建立品牌优势，形成具有自主创新能力的国产品牌；五是在制造业发展过程中实行绿色制造，建立节约资源、保护环境、循环发展的制造业生产体系；六是着眼新一代信息技术、高端装备、新材料、生物医药等战略重点，引导社会各类资源集聚，推动优势和战略产业快速发展；七是推进制造业结构调整，推动传统产业向中高端迈进，逐步化解过剩产能，促进大企业与中小企业协调发展，进一步优化制造业布局；八是促进制造与服务的共同发展，推动商业模式创新和业态创新，促进生产型制造向服务型制造转变，大力发展与制造业紧密相关的生产性服务业，推动服务功能区和服务平台建设；九是推动关键领域的发展，加强制造业的顶层设计，提升制造业企业的整体竞争力。

（三）《中国制造 2025》对可持续发展的贡献

1. 创新驱动战略助力可持续发展。

创新能为企业发展输入源源不竭的动力，制造业也不例外。在我国致力于实施《中国制造 2025》，打造制造业强国之路上，创新是其中的关键一环。目前来看，近年来我国的研发和科技创新投入一直走在世界前端，对创新的重视程度也极大的提高。虽然也有一定的创新技术和成果，但毕竟起步较晚，发展过程中又不免遇到很多难题，从总体上看和发达国家之间的差距还是比较大。据有关资料分析，我国技术对外依存度高达 50% 以上，不得不说这是一个较高的数据，因此我们必须更加重视创新，增强自主创新能力，加快核心技术的突破与研发。

2. 资源配置落实到实体经济领域。

我国制造业曾存在着"脱实向虚"的情况，并且面临制造业发达国家的市场竞争压力。所以在新形势下，我国必须加快振兴实体经济，通过改革创新创造更适合企业发展的环境，只有这样企业才能发展更快，制造业才能更强大。《中国制造 2025》需要出台相关的后续配套政策，对新兴的高技术产业进行财政补贴和政策倾斜，对中小企业进行扶持和帮助，健全多层次人才培养体系、扩大制造业对外开放等保障措施，来为制造业的转型升级创造良好的环境。

3. 动态调整重点技术与产业领域。

在上一轮发展新兴制造产业的战略中，我国政府曾经提出了包括光伏和风电产业在内的七大领域，但是这些领域过于集中并且没有细分，很多企业盲目哄抢，导致产能过剩和竞争压力过大，没有收到预想的成效。针对这个历史教训，《中国制造2025》采取了"1＋X"的战略部署，除了现有的计划以外，还有"X规划"。对于"X规划"的重点领域应该进行动态调整，根据世界市场的变化与发展实时更新。

4.《中国制造2025》剑指工业强国。

《中国制造2025》不仅从总体上规定了我国制造业的发展方向，还细分到各个生产领域。专家学者认为，当前我国的制造业正处在转型升级的关键阶段，我们必须严格遵守《中国制造2025》这一行动纲领，实现制造强国的战略目标。《中国制造2025》是实施制造强国战略的第一个十年规划，我国政府致力于打造制造业强国，就是要经过三十年时间的进步努力把我国建设成具有国际地位的制造强国，更进一步提升国际影响力，为中华人民共和国成立一百年献礼，同时夯实"中国梦"的经济基础。目前我国制造业需要突破的核心技术包括核心零部件的制造、关键的基础材料的研发、先进的技术工艺等，因此针对目前我国制造业企业存在的劣势和问题，当下制造业发展最重要的任务就是组织实施工业强基工程，通过创新驱动战略，培养一批具备国际竞争性的制造业企业，更好地占领国际市场。

5. 制造业转型升级推动发展的可持续。

不管是德国的"工业4.0"计划，日本的"工业振兴"战略，还是欧盟的"工业复兴"战略，都体现了发达的制造业国家对这次工业变革的应对决心和勇气。为了能够更好地抓住变革的机遇，以便在竞争中把握主导权，我国也颁布了《中国制造2025》纲领性文件，来推进我国制造业的发展。

第一，我国希望建立完善、多层次的制造业产业体系，推进核心技术的研发应用，鼓励支持制造业的产业创新和转型，在接下来的阶段走创新驱动的制造业发展之路。《中国制造2025》的出台对推进我国制造业创新发展、提质增效具有重要意义，必定会在世界范围内引发高度热议。

第二，当前我国制造业发展过程中最重要的任务是加速信息化和工业化的结合，提高制造设备的智能化，"两化"结合和发展应该朝着智能制造的目标进行。因此要在更大范围内提高企业的创新、生产、制造和智能化水平，从而促进"中国制造"向"中国智造"的转型。2014年，海尔集团使用了智能化生产设备，由于智能化设备的应用，使得近两万名员工下岗，引发网友热议。这其实是一个很现实的问题，如果大规模的应用智能化设备，那么我们应该如何安置剩余的劳动力？我国人口基数巨大，人口相对较少的德国在推行"工业4.0"战略时，也重点考虑了剩余劳动力问题。所以说我们在推行《中国制造2025》战略时，也应该更多地关注人的因素，体现对人的关怀。此外，中小企业对我国的制造业升级转型十分关注，如何培育一批充满创新活力的"专精特"中小企业也是政府需要考虑的。

第三，我国各地方政府需要大力响应《中国制造2025》的战略，制造业是我国国民经济的支柱产业和国家税收的主要来源，制造业是否能够顺利实现转型升级，关系到国家政府的财政收入，与地方各级政府也存在密切关系。通过深度解读《中国制造2025》这个文件，我们可以了解我国实施制造强国战略的任务和重点，加速我国制造业转型升级，着眼应对新一轮科技革命和产业变革、抢占未来竞争制高点，开创中国制造业的新篇章。

二、我国绿色制造的经验总结

（一）依靠新一轮的技术创新

当前全世界各国竞争日趋激烈，通过提高生产效率和创新能力，节约资源能源和各种形式的资本投入，是保证各国在激烈的国际竞争中立于不败之地的根本。事实上，无论从技术发展，还是从需求推动的角度，绿色制造已经在影响和引导当今的技术发展方向。从产品设计到制造技术，从企业组织管理到营销策略的制定，一批绿色制造技术与概念已经在发展之中。

（1）环境无害技术。是减少污染，合理利用资源，节约能源，与环境兼容技术的总称。它包括生产过程技术和末端治理技术，涵盖了技术诀窍、生产过程、产品和服务、装备、组织与管理的整个过程，其目标是以环境可接受方式最大限度地减少废物排放和污染。在全球 21 世纪议程中，明确鼓励企业和部门开发、使用和推广环境无害化技术，并支持建立环境无害技术转移合作网络，我国在这一方面的工作已经起步。

（2）清洁生产。指既可满足人们的需要，又可合理使用自然资源和能源，并保护环境的实用生产方法和措施，其实质是一种物料和能耗最少的人类生产活动的规划和管理，将废物量化、资源化和无害化，或消灭于生产过程之中。

（3）工业生态学。是一种革新性的可持续工业战略。它涉及工业系统设计，从而最大限度地减少废物和提高材料与能源的循环利用。强调生产系统要尽可能封闭，以防止能源或有用材料的流失。工业生态学企图按照自然系统来塑造工业系统，一种生物的产品成为另一种生物的投入，并使整个过程的效益最大化。这样，可以把若干个相互作用的公司和企业视为一个生态系统，减少废物排放，提高资源利用。此外，全球各大汽车公司竞相开发节约能源与减少污染的技术，不断推出低污染，甚至零污染汽车。据美国通用汽车技术开发中心介绍，该中心 50% 开发项目与环境有关。与此同时，节能节材技术、资源综合利用技术等的发展也都日新月异。

（二）变革传统设计理念

1. 绿色设计的历史。

在人类的工业设计史上，燃料汽车，电力机械，化学化工与钢铁原料成为人们进行工业生产的主要方式。这些生产手段与社会化生产方式相融合，为人类创造了良好的物质生活水平，实现了"以人为本"的目的，但与此同时，也消耗了大量的资源能源，对环境产生了大量污染，导致了严重的生态危机。过度商业化的工业设计导致人们盲目过分地消费，这使得工业设计受到了很多批评。正是在工业设计受到严重危机的背景下，绿色设计应运而生。绿色设计是随着"绿色产品"概念的诞生而逐步产生的一种设计方法。[①] 最早的绿色产品诞生于前联邦德国。1987 年该国实行了一项名为"蓝天使"的计划，这项计划的主要目的是：（1）呼吁消费者使用对环境影响较小的商品；（2）提倡厂商生产环保节能的商品；（3）把环保标准作为工业生产过程中的一个重要因素和市场导向工具，在产品的整个生命周期中都要符合环保的要求，并且不会过分消耗资源能源和大量铺放废弃物。

2. 对传统设计理念的再定义。

绿色设计指在生产过程中从产品的最开始就进行绿色化设计，其不仅考虑产品的功能、质量、成本等一系列传统的设计思

---

① 卢岚、齐二石：《发展绿色制造势在必行》，载于《机械设计》1999 年第 5 期，第 37～39 页。

维，还要融入低碳、低能耗、低污染等生态环保的元素，使产品的整个生命周期对外部环境的负面影响极小的设计思维。

研究表明，绿色设计与传统设计相比，绿色设计更多考虑的是低能耗、低碳、低污染等生态设计，其将可持续发展的理念融入产品的各个环节，甚至产品生命终端的回收利用再制造的过程都在产品研发阶段予以设计。绿色设计彻底改变了以往的思维模式，从根本上改变"先污染、后治理"的经济与环境的发展模式，取而代之的是"预防为主，治理为辅"的环境保护策略。所以，在制造业中绿色设计起到至关重要的作用。

绿色设计指的是在产品的策划、设计定位及设计方法上融合了环保意识，要实现产品设计过程的可持续发展，在产品的整个生命周期内都要具备环境保护的标准，尽可能地减少资源能源的消耗和环境的污染。这在一定程度上遵循了大自然的发展规律，但是也有一定的局限性，大自然生态系统是一个有机整体，要想使得大自然能够真正保持其原有状态，就必须维持大自然的原貌，不能人为进行干预。①

绿色设计的"4R"（Reduce，Reuse，Recycle，Regeneration）原则主要体现在"物质循环"和"能量流动"方面，在实际操作过程中宏观规划在微观开发中被肢解，在一定意义上违背了保护自然的初衷。非营利组织［re］design 致力于可持续的设计师们坚信设计能成为促进社会转型升级的关键因素，推动资源节约型和环境友好型社会的建立，其设计标准或许能给绿色设计一定启示。

［re］duce—designs that minimize waste and raise awareness of resource use. （最大程度地减少浪费，重视对能源的利用）

［re］source—designs using renewable natural materials, man-

---

① 胡蓉、胡如夫：《产品开发的绿色制造技术与发展趋势》，载于《机床与液压》2003 年第 5 期，第 137～138 页。

aged to ensure a sustainable long-term supply. （可再生的自然材料，能长久提供）

［re］make—designs that allow easy, cost-effective disassembly and re-use of parts at end of life. （成本低，易拆解，结束生命周期之后零部件可回收利用）

［re］create—customized designs-encouraging a lasting bond between owner and object. （消费者可自我选择的设计，维持消费者和商品间的长远关系）

［re］spond—sociable design which invite interaction with others. （社会化设计，与其他产生关系）

［re］mind—designs given character by their history-reminding us to treasure what has lasted. （用历史塑造特性，提醒人们注意可持续发展）

［re］use—designs making creative use of ready made objects and components. （创新现有零部件的作用）

［re］cycle—designs from reprocessed waste materials. （用废弃材料进行再加工）

［re］claim—designs using waste materials in the raw. （在合法范围内利用废弃材料）

这一系列的标准给绿色设计增添了活力，绿色设计不再仅仅是简单的"4R"原则，不仅仅是空洞的口号，设计师们通过新颖的创意和设计来打动顾客，让人们在看到产品时就有眼前一亮的感觉。

（三）建立绿色的社会制度

我国立法对绿色工艺与绿色设计设立了一系列规章制度，对于防治环境污染产生了积极影响，但是总览我国的环保法律法规，特别是关于绿色制造的法律法规还是相对缺乏，但绿色制造的兴起会带动整个社会制度的绿色化。

　　1. 加强关于绿色设计的法律建设。

　　"三同时"制度的建立在一定程度上对绿色设计有所规范，但是这项制度主要是聚焦在工厂的设计和建设上，并没有对产品设计进行相关的规范。我们需要明确绿色设计的三大原则：环境为本原则、可回收原则、可拆卸原则。

　　2. 明确原材料的准入门槛。

　　材料的质量会对绿色制造的各个环节产生重要影响，如果选择了劣质的生产材料将会对整个绿色制造过程产生一系列的负面影响；相反，假如制造者在原材料的选择阶段就高度重视环境保护及绿色制造，这样生产出来的产品一定会有利于环境的保护和资源能源的节约，缓解环境污染的负担。但是我国却缺乏关于原材料选择方面的法律法规，只有零星的规范，《清洁生产促进法》有这样一条规定：选择无毒无害或低毒低害的原材料取代高毒性、高危害的原材料。这条法规很难实行，因为不管是高毒性、高危害还是低毒低害都是一个很笼统的概念，没有准确的标准。国家需要提高原材料的准入门槛，出台具体的原材料选择标准，明确规定禁止使用的原材料列表。这些具体准确的标准出台之后，有利于保证整个绿色制造过程顺利完成。

　　3. 建立绿色产品评价体系。

　　健全绿色市场体系，增加绿色产品供给，是生态文明体制改革的重要组成部分。建立统一的绿色产品标准、认证、标识体系，是推动绿色低碳循环发展、培育绿色市场的必然要求，政府应该建立绿色产品评价体系。这种绿色评价体系应包括：（1）建立环境标志制度。环境标志亦称绿色标志，是指由政府部门或公共、私人团体依据一定的环境标准向有关厂家颁布证书，证明其产品的生产使用及处置过程全都符合环保要求，对环境无害或危害极少，同时有利于资源的再生和回收利用。（2）实行统一绿色认证。为了使产品能够适应国际市场的要求，我国质检部门应统一发布绿色产品标识、标准清单和认证目录，依据标准清单中的标准组织开展绿色产品认证。同时对绿色产品认证目录实行定期评估和动态调整机制，使认证更加规范化。（3）提升认证机构水平。按照国际市场的要求，培育一批绿色产品标准、认证、检测专业服务机构，提升技术能力、工作质量和服务水平。学习国际标准和评定规则，使我国产品能够更好地符合国际市场的绿色评价要求。

4. 建立健全产品包装法律制度。

近几年来，我国包装工业总产值平均每年以 20% 的速度增长，包装在带动经济增长、优化人类生活的同时，却伴随着怎样的隐忧呢？统计数据显示，我国每年垃圾总量为 60 多亿吨，在城市固体废弃物中，包装物占了 30%。仅北京市每年产生的近 300 万吨垃圾中，就含有大量的包装垃圾，如纸箱、纸袋、塑料袋、玻璃瓶、金属盒等达到 83 万吨左右。过度包装带来了极大的资源浪费和生态污染，但是目前我国没有相关的法律规定来管理产品包装，产品包装一直是一个法律的盲区。因此，建立健全产品绿色包装制度刻不容缓，我们可以从以下几个方面入手：（1）明确规定产品包装的标准并加大监管力度。根据产品的价值确定包装的标准，规定包装袋价格不得超过产品价格的一定比例，防止出现豪华过度包装；慎重选择包装材料，以最节俭的材料，最实用的价值，最美观的设计将产品呈现给消费者们，做到环保与实用兼顾。（2）实行包装资源回收利用制度。建立适应我国实际情况的包装资源循环利用制度，规定纸、木、塑料、金属、玻璃等包装废弃物回收利用的管理原则、回收渠道、回收办法，建立专门的回收处理机构，使包装材料得到最大化利用。

5. 建立环境保护的经济激励制度。

政府进行环境保护行政管理的过程中，发挥市场的宏观经济调控作用，通过市场自身的调控并结合奖惩措施，使制造业企业能够主动地进行环境保护，可以通过如下措施进行：（1）征收环境税。环境税是把环境污染和生态破坏的社会成本，内化到生产成本和市场价格中去，再通过市场机制来分配环境资源的一种经济手段，开征环境税需要多种配套改革的推进，否则环境税只会沦为筹集资金的小税种。（2）加重罚款力度。开展重拳治理环境的措施，对于那些排污超标的企业进行高额度的罚款，将罚金作为国家治理污染的经费。对顶风作案的企业从重、从严、从快打击，提高企业的犯罪成本。对于那些污染较严重的中小企业，通过重拳治理，对其收取高额罚金，可以大大降低它的生产规模和废物排放。

三、中国绿色制造的成功典范

（一）华为公司：先进制造模式支撑绿色制造

华为建立的全球价值网络以先进制造模式为整体特点，其路径是："点"上突破，"线"上蓄势，"面"上扩张，"网"上运营。

1. "点"上突破：以先进制造技术产品开发为龙头。

华为公司于 1987 年成立，起初公司注册资金 2 万元，员工人数 24 名，可以说是一个非常小型的制造公司，短短三十年的时间，华为经历了从代理交换机到高端技术产品生产的跨越和转变，不得不说它已经成为制造业领域的领军企业，也是绿色制造成功的典范。

在 20 世纪 90 年代，中国的电子设备市场被跨国公司垄断，电子产品一度依赖于进口，即使自己有自主品牌和生产企业，也只能进行基础性的操作，关键部分的核心技术都掌握在发达国家的手中，中国的电子设备发展举步维艰。当时，华为公司看到了市场的商机，起初通过代理交换机获得其中差价进行获利，1992 年，华为公司将代理交换机获得的收益全部投入到半机械、半数字的入门级产品—交换机 JK1000 的研究和开发上，一经投入市场就获得了 1 亿元的销售额。在接下来的两年时间里，华为以此为例又研发了两种类型的交换机，并取得了可观收益。[①]

华为研发的交换机不管在价格上、质量上、用户体验上都优于国外产品，既获得了市场也赢得了口碑，这为企业研发高端技术产品并打开更广阔的市场打下了坚实的基础。

2. "线"上蓄势：集成产品开发流程体系。

华为公司的快速成长和发展壮大离不开其对技术的高度重视。每年华为都会将企业收入的至少 10% 投入到产品的研究和开发中，然而虽然重视程度在日益增加，投入资金也持续加大，但是公司的研发和创新效率却呈每年下滑的趋势，出现"增产不增收"的现象，严重导致了企业利润的下降。近年来，华为投入数千万元用于研发 CT2（第二代无绳电话）、DECT（数字增强无绳通信）等无线产品，以及 ATM 交换机等尖端技术产品中，然而研发成果不佳，对市场也没有进行很好的了解，以致很多产品还未投入生产就已经失去了商业价值。同时，华为开发的产品中有相当一部分是极端复杂的大型产品系统，如 C&C08 交换机、GSM、WCDMA 等，其软件规模均超过千万行代码，需要各个领域、行业的数千甚至上万名工作人员经过两三年的时间才能完成研发任务，那么如何加快产品进入市场成为目前华为面临的又一难题。

华为从 IBM 公司引进了集成产品开发的流程体系（IPD），一个 IPD 实际上就是一个小型的独立运作的公司，既需要核算公司运营成本，又要完成财务指标。华为公司的产品生产线多达 100 多条，如何管理是一个重要的问题。拿比较大的生产线来说，它有一个专门的产品研发管理委员会，由熟悉产品及运行的

---

① 黄海峰：《华为终端激情创变 多管齐下打造智能精品》，载于《通信世界》2012 年第 22 期。

专家组成，他们对各个生产线的研发活动进行监控和评估，决定产品的研发是值得继续还是终止。专家组的监控和评估活动主要看产品研究开发的投入及可能获得的市场收益，同时评估产品线上的各要素，如人才、技术等在研发过程中是否可行。华为公司充分采用 IPD 模式，推动了产品的研发，加快了产品进入市场的速度。IPD 使华为从技术驱动转向了市场驱动，华为完成了从市场调研、需求分析、预研与立项、系统设计、产品开发、中间实验、制造生产、营销、销售、工程安装、培训与服务到用户信息反馈的完整流程意义上的产品线制造管理。每一条产品线的客户经理必须对自己的产品是否响应市场需求和销售效益负责。通过从市场收回的有效反馈信息，了解不同客户群体的不同需求，进行适当调整，同时进一步提高产品的核心竞争力，开发更广阔的市场，通过各方的共同努力，华为的研发日益精进，逐渐向国际靠拢。

3. "面"上扩张：价值链的模块化。

调查表明，华为采用 IPD 已经建立了比较完整的价值链，并将价值链分成模块，建立了营销服务模块、生产制造模块、研发模块。借助模块化，华为在全球范围内寻找成本最低的模块制造商，将附加价值低的模块外包出去，自身则专注于核心模块，强化其在核心模块上的控制地位，使核心模块的附加价值持续获得提升。

（1）研发模块。华为公司自成立以来，就意识到研发的重要性，一直注重研究人才的培养，长期以来与国内外知名高校都有一定的合作，取得了大量的研究成果。为了进一步加大创新力度，研发新的技术产品，华为公司积极向英特尔、微软等公司学习借鉴经验；为扩大研发规模，培养更多的研究人员，华为公司在美国的硅谷、印度的班加罗尔、俄罗斯的莫斯科，以及国内的北京市、上海市、广州市、杭州市等地成立一大批研究机构，用来支持和建立新的生产线，研发新的新品，提升市场竞争力和国

际影响力。印度所、南京所、中央软件部和上海研究所等通过
CMM5 级国际认证，表明华为的软件过程管理与质量控制已达到
业界先进水平。华为公司还积极与全球排名靠前的 36 家运营商
进行合作创新，加大研发投入力度。

（2）生产运营模块。研究华为的生产历史发现，过去生产
的整个过程是在公司内部完成，将不同的任务分派到不同的生产
车间来共同完成生产。现在华为改变了过去整个生产流程都在本
公司运行的模式，而将不同的任务根据比较优势分派到不同国家
不同地区的各个企业，由不同的企业分工合作，共同完成生产任
务，这样就将任务分成了各个模块，有利于提高效率，保证质
量。1999 年，经过 IBM 专家的论证，华为公司的核心竞争力在
于研发和领先市场的优势。在供应链管理的过程中只要牢牢把握
住核心竞争力，其余非核心部分完全可以外包出去，让专业公司
分包。因此华为公司进行了内部分工调整，整合现有资源，为降
低生产成本，尽快消掉库存，把公司的生产部、计划部等在内的
多个繁琐部门合并，形成了新的供应链，提高了公司运营效率，
降低了公司运行成本，同时各个部门统一化整体管理，加快了生
产制造的速度和质量，使公司的竞争力也进一步提高。为了进一
步集中全公司力量发展核心业务，提高企业自主创新能力，2000
年华为公司进一步通过外包的形式把非核心业务大量转移出去。
实际上在全国范围内，尤其是深圳等地，华为的外包商甚至是成
千上万，他们利用自己的优势，以较低的成本、较快的速度，为
华为提供着服务。这种将任务分解到各个外包公司的运行模式提
高了华为供应链的竞争力。目前华为的库存基本上可以达到零标
准，产品交货的速度明显提高，市场反响越来越好。将非核心产
品外包的方式已经为企业发展提供了新的机会，华为沿着这条思
路继续扩大市场，在全球范围内寻找合适的外包商，将一些零部
件的生产开始逐渐向海外工厂转移，国际国内密切合作，形成了
一个动态的呈蛛网状的全球生产网络。

（3）营销服务模块。华为公司成立初期，在市场上落后于其他企业，可以说不占据什么优势，面对这种情况，华为将市场扩大，延伸到中国香港、非洲、欧洲、美洲等国家和地区。从2000年开始，全球性的通讯市场萎缩，中国不可避免的受到影响，市场没有进一步扩大反而有缩小之势，面对这种情况，华为公司及时调整战略策略，从2005年开始，华为的战略重点转移到国际化上，推动研发、生产、服务、运营的国际化，同时尽最大可能的打开国外市场。起初在开拓海外市场时，华为公司延续先进入发展中国家市场，逐步向发达国家市场迈进的战略和思路。除了拓宽营销市场，华为公司在营销手段方面也做出了努力，当然基本上与其在国内的营销思路大体一致，就是通过投发广告、参加有关的会议论坛、请客户进行实地调研等方式加深社会对公司的认识。华为公司通过将营销服务模块化，在较短的时间内提升了企业的国际好感度和广泛认可，打造了属于自己的特色品牌。自公司成立至2017年，华为公司的销售区和市场已经遍布全球，尤其在中国、亚太、美洲、中东非洲建立了四大销售区，极大地增强了国际影响力。

4. "网"上运营：以模块化为基础构建全球价值。

调查研究表明，华为公司以模块化为基础，加快构建全球网络系统，一方面时刻关注当前风云变幻的市场；另一方面寻求适合的合作对象，通过缔结利益共同体、大幅让利、产品兼容、资本融合、参股合作等方式与科研机构、跨国公司、供应商、销售商和客户建立战略合作关系，优势互补，构建全球化价值网络。

在日本，华为选择NEC帮助自身快速实现了数据通信产品的销售。在北美，华为与知名品牌3COM公司合资，利用其世界级网络营销渠道来销售华为的数据通信产品，大幅度提升产品在北美的销售。同时，华为和电信运营商结成合作伙伴，为运营商承担网络运营服务。华为已经为180家运营商的320个无线网络、220个固定网络提供优质服务，逐步实现了生产制造和服务领域的融合。与西门子成立了合资公司，专注于 TD – SCDMA 的研发、生产、销售和服务，共同推动 TD – SCDMA 的进一步发展。与摩托罗拉在上海成立了 UMTS 联合研发中心，旨在为全球客户提供功能更强大、全面的 UMTS 产品解决方案和高速分组接入方案（HSPA）。此外，华为还先后在埃及、俄罗斯及巴西等国建立合资厂，在沙特、伊朗、印度等国，通过与当地厂商进行合作，成功实现了本土化生产。随着海外业务的拓展，华为的服务也日益全球化。

华为公司目前的服务机构遍布全球各地，既有技术支持能够为客户提供及时优质的服务需求，又有专业的培训中心为客户提供培训服务，还有大规模成系统的专业团队为客户提供不同的需求，满足不同客户的不同需要，在这些服务机构中既有中国员工也有海外员工，既保证了服务的质量也充分考虑到了客户的需求。客户可以通过共享平台提出自己的要求，获得相应的服务和自己需要的信息。华为公司充分利用与国内外大型科技公司、高等院校等进行合作的机会，构建起成熟的网络系统，为海内外的华为用户提供及时的服务，同时致力于打造最优质的队伍满足高端客户端对端的服务要求。

华为公司在当前竞争激烈的条件下，能够保持清醒的头脑，采用多方合作的方式，建构起成熟的全球价值网络，不得不说是面对当前形势的必然选择，在这个过程中，华为公司在适应市场转变和用户需求的基础上，与各企业、院校、分包商紧密合作，形成了有价值的利益团体，彼此建立起互信互通的关系，在与日俱增的市场压力下，保证了全球价值网络的整体竞争力。

（二）联想集团：优越管理模式助力绿色制造

联想是世界 500 强公司之一，其研发创新团队及先进的管理模式在世界上都处于前沿地位，用户可以放心大胆的使用联想提供的产品和服务，在所有的产品中，包括个人计算机（经典的

Think 品牌和多模式 YOGA 品牌）、存储、智能电视，以及一系列移动互联产品如智能手机（包括联想和摩托罗拉品牌）、平板电脑和应用软件等都受到海内外人员的喜爱和推崇。近年来，联想的市场不断扩大，销售范围不断拓展，业务能力不断提升，联想这一品牌受到国内外越来越多人的认可。在这个过程中，双引擎驱动质量管理模式发挥了至关重要的作用。

现代的质量管理模式大体经历了质量检验、统计质量控制、全面质量管理、卓越绩效质量管理几个阶段，每个阶段的理论突破都为质量的提升起到了积极的作用。不管在哪个发展阶段，理论要想指导实践就必须与企业自身的发展情况相结合，使企业的质量管理充分体现出自己的特色。双引擎驱动就是联想公司将质量管理的理论应用到企业发展中的管理模式，这个模式深深打上了"联想"的烙印。双引擎驱动质量管理模式成立于 1984 年，最初由十几个人、二十万元的规模起家，经历了万元奔腾、百万台下线、赞助北京奥运会、并购 IBM PC 部门、并购 IBM X86 服务器部门及摩托罗拉等事件逐渐走向了国际化。① 随着互联网的兴起及越来越多的产品推向市场，客户逐渐较少的关注产品性能，而更多关注产品带来的用户体验。为了应对这种转变，联想适时的将质量管理的重心由产品转移到了客户，并与联想独特的工具复盘相结合，形成了以产品和客户为中心、以复盘为纽带的双引擎驱动质量管理模式。

1. 不断完善的产品驱动引擎。

产品引擎驱动的质量管理是很多企业都必须经历的阶段，在此阶段企业的关注点在企业内部、产品本身。在此阶段的企业往往通过全员参与、流程完善、新工具的应用等来提升产品的稳定性、可靠性。联想的产品驱动引擎则是以产品为核心，以集成产

---

① 王会文、索胜军、李继成、翟迎春：《双引擎驱动质量管理模式助力联想由中国制造走向中国创造》，载于《中国质量万里行》2015 年第 12 期，第 66~68 页。

品交付流程为保障，通过在产品开发的概念、策划、开发、验证、智造环节的精细控制、严谨决策，以及质量管理计划、早期预警机制等工具方法的合理使用，确保了联想产品在质量方面的竞争力。而公司领先的战略、文化、使命愿景等则是该引擎能够充分发挥功能的基础。经过了多年的发展，联想产品引擎驱动的质量管理日臻完善，作为保证的业务主流程已经由集成产品开发流程（IPD）升级为集成产品交付流程（IOD），并在流程中引入了质量管理计划来增强项目的风险识别、管控及产品的优化设计。在智能制造方面，联想已经建立从客户定制到资源管理、制造排产、物流运输到客户这一完整的闭环，这一闭环覆盖的客户范围达到160多个国家，为此联想投入数以千计的服务器，搭建了全新的 IT 系统，以实现对数百家供应商、11 家自有工厂及 20 家合作伙伴工厂的高效管理。并通过与十余家区域物流合作伙伴的合作，构建了覆盖全球的端到端成品物流网络。从而形成了端到端的闭环高效系统，摩托罗拉手机实现的包括名字在内的多维度客户定制便是该系统的代表性体现。

2. 逐渐完善的客户驱动引擎。

全面质量管理（TQM）理论首次将客户纳入质量管理的范畴，但在具体实施过程中企业发现难度很大，主要原因是质量是客户感受的东西，而对客户的感受，我们缺乏比较客观的管理工具和衡量指标。在产品引擎驱动下的质量管理只在产品设计和销售两个环节与客户有接触和互动，一次开箱合格率、维修率这两个传统质量指标也只能反映企业生产的稳定性及产品的可靠性，因此就会出现产品质量指标很好，但产品销量却不高及客户抱怨很多的矛盾。随着联想公司对客户理解度的加深及互联网的兴起，引入了客户驱动引擎来解决质量方面的矛盾。

客户引擎驱动下的大质量管理，是以客户为核心，以企业与客户互动过程为保障，通过大数据、用户体验研究等手段来提升客户在接触、购买、使用及参与产品设计阶段的满意度，由净推荐值、总退货率、客户满意度、新品指标等构成的客户满意度指数是客户驱动质量管理结果的客观衡量指标。客户驱动引擎的引入为联想提供了更多的质量改进的机会和相对客观的评价体系，确保了其质量改进方向的正确性。大数据便是客户驱动引擎的利器之一，作为互联网时代的新型工具，联想已经建立了相应的 IT 系统，可以从技术网站、社交媒体、论坛等地方抓取客户的反馈信息，并运用专用的工具对数据进行初步的处理，有专业的队伍对数据进行深入的分析，形成分析报告，各团队可根据自己的需要将结果用于产品设计改进、质量或服务改进及产品的推广营销等活动中，通过大数据工具的运用能够更加快速、准确地把握客户的需求。

双引擎驱动质量管理模式很明显的带有联想企业的自身特色，是联想应对"互联网＋"时代，审时度势提出的新的管理模式，它将产品和用户紧密联系在一起，提高了用户体验和市场竞争力。在一定程度上，它促进了联想公司的创新发展，同时为其他企业树立了典范，提供了借鉴模式。

（三）海尔集团：用户驱动是绿色制造的着力点

海尔集团创立于 1984 年，最初由制造电冰箱开始，后逐渐发展为制造热水器、电视机、传真机在内的各种家电用品，广受中国大众欢迎，成为中国白色家电制造业的领头羊。海尔公司经过三十多年的发展壮大，目前在全球已建立了 24 个工业园，5 大研发中心、66 个贸易公司。海尔在过去三十年间经历了 5 次战略变革，依据其产生背景和变革特点与海尔所处商业生态的生命周期相对应，具体分为四个阶段。

（1）开拓期。1984 年海尔集团成立之初，企业员工总数不到 800 人，而且公司没有出现盈利反倒亏空了 147 万元。那时正值改革开放的大好时机，国内很多制造业都向国外学习引进技术和经验，来促进自身企业的发展。海尔在这个发展困境中也抓住了机遇，张瑞敏作为海尔的带头人，以敏锐的眼光觉察到这一趋势，以果断的决心引进了德国的电冰箱生产技术，加大规模，把好质量，促进生产，把海尔救活了，使海尔有了一个新的开始。

（2）拓张期。20世纪90年代，国家鼓励企业兼并重组，在国家的号召下，海尔1991～1997年，经过8年的时间，通过资产重组、控股联营等手段兼并了18家企业，1.5万人加入了海尔的阵营。经过兼并重组，海尔的市场更进一步扩大，生产规模进一步加大，生产的产品更加多样化，从最初的电冰箱生产逐步发展到热水器、传真机、电视机等27个门类，给人们的日常生活带来了便利。

（3）领导期。1998～2012年，海尔拓展海外领域，以顺应全球化的发展趋势。1999年，公司在菲律宾建立了第一家海外工厂，接着在美国腹地南卡罗来纳州建厂；2001年，海尔并购意大利迈尼盖蒂冰箱，在法国里昂和荷兰阿姆斯特丹建立设计中心，在意大利米兰成立营销中心，从而实现了在欧洲的本土化经营。2002年，海尔买下纽约中城格林尼治银行大厦作为北美总部；2005年，海尔中东工业园在约旦首都安曼开业；2011年，海尔与日本三洋电机株式会社签署协议，收购三洋电机多项业务，在日本及东南亚形成两个研发中心、4个制造基地和6个区域的本土化市场架构。

（4）重构期。2012年，海尔实施网络化战略，由传统制造企业向互联网平台型企业转型。2014年正式推出"U＋智慧生活操作系统"，2015年推出"U＋App"并发展了300多家企业合作商共同构建智慧生活生态圈。这一阶段，海尔探索的互联网时代创造顾客的商业模式就是"人单合一双赢"模式。海尔将企业从管控型组织变成一个投资平台，员工从原来被动的命令执行者转变为平台上的自驱动创新者，而驱动员工创业的就是不断交互出的用户需求，企业与员工、合作方转为合作共赢的小微商业生态。①

2012 年海尔开始向智能制造转型，逐步建成比较成熟的体系，在转型过程中，海尔秉承着用户至上的理念，推动产品与用户的交互。在公司转型过程中，为了让用户得到好的体验，海尔已经能定制生产空调、冰箱、洗衣机和热水器四大类产品，并实现了大规模的定制。海尔的带头人张瑞敏要求"与用户零距离"，这也成为海尔集团的经营理念和广泛共识。

1. 用户就是设计师。

海尔已经有能力进行大规模的定制，在此基础上如何给客户带来更好地体验，海尔已经进行了相关的研究，就是在产品生产的整个过程中融入用户的因素。用户只需要做出相关选择，公司就能为其匹配适合的产品，更迅速便捷优质的满足用户的需求。在海尔的郑州互联工厂，通过 11 个通用模块和 4 个个性模块，可以组合出 200 多种用户定制方案，用户可以根据自己的不同需要选择适合自己的产品。这种方式既可以让用户选择多样化，又能满足用户需求的个性化，使得产品和用户的关系更为紧密，用户也更加的信赖公司，达到双方互赢的局面。这种选择性的定制，仅仅是海尔开发智能制造能力的第一步。海尔将定制模式划分为三个类型：模块定制、众创定制和专属定制。模块定制就是分解为不同的模块，其中既有通用的也有个性化的模块，通过模块之间的组合匹配定制方案；众创定制是由用户发起，其他用户可以广泛参与的模式，这种模式会直接将用户要求接入智能生产系统；专属定制就是根据用户需要，为用户量身定制产品和方案的模式。

---

① 史金平、刘吉立、胡莹：《中小板上市公司股权激励与企业业绩关系实证研究》，载于《经营管理者》2014 年第 3 期。

2. 全流程的零距离接触。

我们致力于打造的工业4.0不仅要求企业通过转型升级实现发展，同时要求用户在产品的购买和体验上上升到一个新的高度，企业应该通过定制使用户的产品体验提升。海尔集团始终坚信，从产品设计直到用户真正用上产品的整个研发、生产和交付的流程，都可以通过"与用户零距离"提升用户的体验。在产品设计环节，模块商、研发小微和生产小微，围绕着用户及其特定需求组织起来，在多方、实时、零距离的交互中形成一套个性化的解决方案。当方案确定后，直接进入互联工厂的生产系统，此时用户还可以随时查询产品的生产状态、物流状态，直到产品交付到用户手中。海尔认为，将整个定制化生产的流程完全开放给用户，使个性化产品的生产处于用户的掌握之中，是对用户体验的一大提升。对用户个性化需求的同步共享和生产线的协同，依靠的是"一横一纵"两个方向的数字化整合。横向的整合，即通过互联技术的应用，将用户需求、产品设计、制造、物流、服务等全流程供应链体系整合起来。纵向的整合，指的是搭建物联网，实现企业、工厂、车间、设备和人的物物互联。

（四）沈鼓集团：云智造是绿色制造的关键点

沈鼓集团成立于1934年，它的前身是沈阳鼓风机厂，在2004年完成企业重组之后成为沈鼓集团，是我国的制造业支柱性大型国有企业，主要从事风机类、泵类、压缩机类等产品的研发、设计、制造、销售等制造全生命周期经营，目前是中国最强大的制造企业之一。沈鼓集团拥有悠久的历史和强大的科技实力，产品质量好、市场占有率高，在全国范围内来看处于制造业领军地位，正在不断提升水平，以向国际标准靠拢。近些年，沈鼓集团响应国家政策和战略，在发展过程中推动工业化和信息化的融合，不断增强企业的自主创新能力，研发创新技术，同时在企业管理上建立了以市场为导向，以管理创新、科技创新、文化创新为基础的现代管理模式，不管在技术上还是管理运营上都注重创新和突破，努力提高竞争力，培育企业文化，提升企业效益。2014 年沈鼓集团获得了"中国工业大奖"，充分体现了其在中国工业领域的实力和地位。

1. 云制造建设背景。

沈鼓集团虽然在发展过程中一直推动工业化和信息化的融合，但是其下属的部分企业在信息化的推进中存在一定的差距和矛盾。沈鼓集团部分下属企业自建应用系统相对落后，导致集团信息化重复建设，造成资源浪费及管理不协调。① 沈鼓集团某些下属公司应用落后，包括 CAX②、PDM、ERP 等管理和应用软件不统一，使得企业的信息化水平严重落后，造成资源的使用和配置出现拖后腿的情况，阻碍了整个企业的进步。沈鼓集团作为大型制造企业，在多年的发展中不可避免的存在着运营效率低下、资源配置不合理、信息交流不畅的弊病。目前制造业面临的市场和环境瞬息万变，如果不能及时完成转型升级，很容易被拥有先进制造技术的企业远远甩在后面。沈鼓集团作为中国重要的支柱企业，亟需通过创新和核心技术的突破完成产业转型。

目前，云计算发展迅速，云计算被广泛应用于军事、生物、IT 行业、电子商务等领域的数据处理和信息挖掘。制造型集团企业越来越注重信息化技术在生产运营过程中数据处理、流程优化、资源配置、协同制造、远程监控等方面的应用，也开始尝试将云计算引入制造业中，进一步提高生产运营过程中信息技术的应用水平。作为云制造模式应用的关键技术之一，云计算对推动中国制造业的转型升级起到至关重要的作用。云制造模式是一种

---

① 马绍奎：《沈鼓集团的"云制造"》，载于《中国信息化》2012 年第 2 期，第 26～28 页。

② CAX 是计算机辅助设计（Computer Aided Design，CAD）、计算机辅助工程（Computer Aided，Engineering，CAE）、计算机辅助制造（Computer Aided Manufacture，CAM）、计算机辅助工艺计划（Computer Aided Process Planning，CAPP）的统称。

以云计算为主，结合物联网等先进信息技术，利用网络和云制造服务平台，按用户需求组织网上制造资源，为用户提供各类按需制造服务的一种网络化制造模式。

云制造模式的出现为沈鼓集团转型升级带来了契机：第一，有利于满足下属企业信息化需求，提高集团整体信息化水平，彻底改变集团内部某些下属企业信息化建设落后的局面；第二，构建集团内部资源共享与分配机制，实现资源的优化配置，提升资源利用率；第三，引入"制造即服务"的先进理念，创新集团商业模式，推动集团由传统制造型企业向制造服务型企业改变；第四，打造虚拟资源云池，实现数据在服务器间的动态转移，提高集团数据信息的安全性。为了推进云制造模式在沈阳制造业中的应用和推广，沈阳出台了《沈阳云制造平台建设规划》，结合沈阳当地的制造环境和制造企业信息化建设水平，把沈鼓集团作为云制造平台建设的一期项目，然后对沈鼓集团云制造平台应用的成功实践经验进行广泛推广，打造一个集约化、跨地域的云制造平台，以期服务于更多的中小企业。

沈鼓集团切实把握沈阳构建云制造服务平台的重要历史机遇，注重云计算、物联网等先进技术在工业生产过程中的应用，打造基于"私有云"的制造平台，将其作为集团推进信息化建设的重要内容，不断提升集团应用信息化技术的综合水平，以增强其快速适应外部动态复杂环境的能力。

2. 云制造提升集团机会识别能力。

沈鼓集团云制造平台智能化管理用户需求，加强客户关系管理，动态掌握顾客的潜在需求，提升了集团的机会识别能力，促进集团发现潜在市场机遇，为集团提供创新思路，指导集团产品的研发设计，使集团以满足顾客需求为导向，为用户提供个性化服务，切实满足用户的个性化需求；与此同时，沈鼓集团运用云制造平台为用户设备提供实时监控服务，帮助用户防范和排除设备苗头性故障，有效保障用户设备安全运行，减少用户对设备的

维护压力及设备故障所造成的损失。例如，沈鼓集团运用云制造
服务平台为 37 家用户、139 台机组提供 24 小时不间断的远程监
控及故障诊断服务，使用户减少了上亿元的经济损失，[①] 极大地
提高了顾客满意度。由此可见，沈鼓集团云制造平台提升了集团
机会识别能力，促使集团积极采取措施满足顾客潜在需求，进而
实现顾客满意度的提升。

3. 云制造提高集团整合重构能力。

沈鼓的云制造平台对集团制造资源、应用软件等进行了整合
优化，实现了下属企业对资源的按需分配，提升了集团整合重构
能力。一方面，沈鼓集团推动了下属企业信息化进程，实现下属
企业信息管理的标准化，例如 CAX、PDM、ERP 等信息化应用
软件纳入沈鼓集团的统一管理范围内，增强了集团对下属企业管
理的规范化，提升了集团整体信息化水平。另一方面，沈鼓集团
能够有效地避免集团下属企业 IT 基础设施、应用软件、相关 IT
人员等的重复投入，减小下属企业的成本压力，促使下属企业集
中资本进行专业化生产运作。总之，云制造模式提升了集团整合
重构能力，促进了集团成本的下降。

4. 云制造提高集团技术柔性能力。

沈鼓集团基于云制造平台将各种云技术应用于企业的研发设
计、生产加工及经营销售等制造全生命周期过程中，为产品的研
发或服务的创新提供了技术支持和平台支持，有效地提升了集团
的技术柔性能力，能够为沈鼓集团产品的研发提供虚拟化的研发
环境，促使信息技术与研发的融合，极大地增强了沈鼓集团研发
创新实力，大大缩短了产品的研发周期和设计周期，例如沈鼓集
团产品的研发设计周期由原来的 6 个月缩短至 1～3 个月，接近
国际行业先进水平。可见，云制造平台能够提升集团企业技术柔

---

① 中组部组织二局、辽宁省委组织部、沈阳市委组织部联合调研组：《企业核
心竞争力的"沈鼓密码"》，载于《光明日报》2013 年第 11 期。

性能力，从而实现产品研发周期的缩短。

5. 云制造提高集团组织柔性能力。

沈鼓集团基于云制造平台对下属企业的生产运作实施智能化管理，增强企业间协同性。沈鼓集团基于云制造平台提升了集团组织柔性能力，促使集团下属企业实现合作的无缝连接，切实增强了集团下属企业生产运作的协同性和敏捷性，使集团企业实现敏捷制造，从而大大地缩短了产品的制造周期。例如，沈鼓集团的产品制造周期由原来的5~8个月降低至1~4个月，产品的交付能力显著增强，有利于产品的早日上市，有效地提升了集团整体的市场反应能力。总之，沈鼓集团基于云制造模式提升了组织柔性能力，进而实现了产品制造周期的缩短。可见，沈鼓集团云制造提升了集团机会识别能力，有效管理客户，发现和挖掘顾客潜在需求，为产品创新及生产工艺的改进提供了建议，切实满足了客户个性化需求，同时实时监控用户设备，为客户的财产设备保驾护航，提高了顾客满意度；云制造提升了集团整合重构能力，实现了集团企业优势资源的集中整合，按需分配，降低了集团的成本；云制造提升了集团技术柔性能力，将云技术应用于产品的研发，缩短了产品研发周期；云制造提升了集团组织柔性能力，推动了集团下属企业协同制造和敏捷制造，缩短了产品制造周期。因此，云制造模式能够极大地提升沈鼓集团的动态能力，进而实现企业绩效的改善。

（五）中国高铁：擦亮中国制造名片

21世纪以来，全球范围内的环境和生态问题越来越严重，引起了人类的广泛共识和高度关注。而在所有的行业中尤其在交通运输行业，通过对能源消耗、资源浪费、自然保护及安全性等多个方面的分析得出，铁路具有明显的优势，尤其是高速铁路，具有充分的优势，因此高铁迎来了重要的发展机遇。发达国家在工业化之后经过了艰难的探索之路，通过运输政策的重新调整，他们将发展的重点转移到铁路上，尤其是高速铁路的建设。尤其是近两年来，全球正步入高速铁路发展的黄金时代，按照各国高铁发展规划，预计到 2020 年，世界高速铁路总里程将超过 5 万千米，未来七年内的新增里程将达到 3 万千米以上，由此带来的高铁直接投资将超过 1.1 万亿美元，按全产业链的增加值计算，高铁发展对世界经济的带动作用则更为巨大，中国高铁由此获得了前所未有的历史机遇。

中国的高铁事业进展飞速，技术一直在突破，与发达国家不相上下，具有很强的优势，目前中国是世界上高铁运营里程最长的国家，这充分表明，中国的高铁已达到世界先进水平，占据主要地位，拥有强大的竞争力。中国的高铁网络发展迅速，短短数十年成为世界上高铁运营里程最长的国家。当然中国高铁的发展也经过了艰难的探索阶段，它是在不断学习和创新的基础上逐渐壮大起来的。

1. 中国高铁发展历程。

目前高铁已经成为中国人出行使用最多的交通工具之一，为中国人的生活工作带来了极大的便利。什么是高铁？国际铁路联盟把旧线改造时速达到 200 千米、新建时速达到 250～300 千米的运输线路定义为高速铁路（以下简称"高铁"）。高铁在不同的国家定义有所不同，中国国家铁路局的定义为：新建设计开行 250 千米/小时及以上动车组列车，初期运营速度不小于 200 千米/小时的客运专线。①

中国的高铁起步较晚，但发展很快，大致的发展过程分为四个阶段。第一阶段，中国高铁起步阶段（1978～1998 年）。中国高铁起步较晚，主要从 1990 年开始提出初步规划，然后开始逐渐进行探索之路。第二阶段，中国铁路六次提速（1997～2007

---

① 甘钧先、毛艳：《丝绸之路的复活：中国高铁外交解析》，载于《太平洋学报》2010 年第 7 期，第 66～67 页。

年）。在中国高铁的发展历程中，中国铁路六次提速为中国高铁的发展奠定了坚实基础。经过铁路的六次提速，时速由90千米/小时达到200千米/小时以上。第三阶段，中国真正的高铁发展阶段（1999~2004年）。中国铁路经历了六次提速之后，速度达到200千米/小时，可以称为准高铁。在此之后，中国真正走上了高铁发展的道路，在这个阶段，中国的铁路时速稳定在200公里/小时的水平上，并进一步向更高速度的技术发展。2003年中国第一条客运专线——秦沈专线正式开通运营。这条线路的设计时速为200千米/小时，预留50千米/小时的提速空间。2004年中国提出了中长期铁路规划，正式将高铁建设提上日程。第四阶段，中国高铁大规模发展阶段（2004年至今）。在这个阶段，按照中长期的铁路规划，中国开始大规模建造高铁，也逐渐形成了完善高效的高铁运营网络。2003~2015年的十几年时间里，高铁的建设速度一直呈上升趋势，最终达到运营里程23 603千米。除此之外，2015年海南西环铁路也开通运营，成为第一条环岛高铁运营线，至此，2015年铁路建设规划完成。[①]

2. 中国高速列车技术发展。

中国的高铁起步晚，但发展速度快，发展规模大，仅仅十几年的时间就赶超发达国家。这样举世瞩目的发展成就在于中国高铁独具特色的发展方式，中国高铁是在借鉴发达国家技术的前提下，进行创新和完善，逐步形成具有中国特色的高铁技术。

中国高铁的技术发展历程可以分为三个阶段：第一阶段，中国早期的高铁技术。在2004年以前的动车组列车是中国早期高铁技术的代表。这一期间的高铁技术主要是通过自主研发的动车组系列，主要代表型号为"大白鲨"型号、"蓝箭"型号、"中原之星"型号、"中华之星"型号、"先锋号"型号、"新曙光

---

① 闫晓苏、李凤新：《我国高速铁路的技术创新之路——基于专利数据的统计分析》，载于《科学观察》2013年第5期。

号"型号等。其中，"大白鲨"为第一代电动车型，设计时速为200千米/小时；"蓝箭"则为第一批进行批量化生产的动车组型号，时速为200千米/小时；"先锋号"则在秦沈客运专线运行中，创造了292.8千米/小时的运行纪录；"中华之星"则打破了"先锋号"的纪录，时速达到321.5千米/小时，一举成为当时的"中国铁路第一速"。第二阶段，中国目前在线运营的动车组。这一阶段主要是指我国通过引进消化吸收再创新的过程，生产出来的动车组系列。这一阶段的动车组可大致分为两个部分：一是以吸收引进再创新的技术为主导生产的动车组系列，有1系、2系、3系、5系；二是被称为"新一代"的CRH380系列。第三阶段，目前在研发中或将进入运营的动车组系列。这一阶段的动车系列技术更加完善，相比于上一阶段的优势特点更加突出。主要有：高寒防风沙动车组CRH2H、智能化高速列车、永磁传动高速列车等，并逐渐向更高端的技术前进。中国高铁技术的发展伴随着高铁建设的扩大不断进步，也已经形成了自主研发体系。虽然在研发CRH系列时，主要采取引进技术，吸收融合再创新的模式，但也造就了中国铁路的集成优势，这也是中国高铁的一个突出特点。

中国高铁能够驶出国门，三个因素至关重要：性价比、技术含量和安全系数。据权威研究报告表明，国外建设高铁每千米的成本是0.5亿美元，而中国建设成本为0.33亿美元，相差1/3的成本让"中国制造"更受青睐。国家铁路局科技与法制司司长严贺祥在一次采访中谈到，我国已经是全球高速铁路发展最快、运营里程最长、在建规模最大的国家。从2008年8月1日京津城际高铁开通至2013年12月，中国高铁运营里程数差不多是其他所有国家里程数的总和，运营发展规模和积累的经验难以被别国超越。同时，在高寒条件下的高铁建设方面中国有着世界上独一无二的建设经历。中国高铁技术"兼收并蓄"，在德国、法国和加拿大等发达国家的技术基础上进行了消化、吸收并结合了中国特点进行了创新，适应性比较突出。高铁已实现了 70% 的国产化率，相关的专利问题也得以解决，工程实践中形成了强大的技术、管理人才、全产业链的经验。从工务工程、通信信号、牵引供电到客车制造等方面，中国可以一揽子出口，德国、日本等高铁发达国家都难以做到。中国高铁技术可以进行 250 千米时速的既有线改造，也可以新建 350 千米时速的新线路。

3. 中国高铁外交与"一带一路"战略。

中国高铁外交是对"一带一路"总战略的发展。我国高铁外交在发展方向上是以两条主线开展活动的，一是修建跨境高铁（以中国为主要支点），从而发展以中国为起点的跨境高铁外交，外交对象国多为周边国家，陆地距离相邻或相近；二是直接投资海外市场，属于走向国际市场的海外高铁外交，两者共同构成具有中国特色的高铁外交。目前全球范围内的联系和沟通日益加强，大多数国家强烈要求与其他国家展开更广泛的合作，从这个方面来看，交通设施的构建尤为重要，它能为国家和区域的联系提供出行载体。不管是修建跨境高铁还是直接投资海外市场，都是积极配合实施"一带一路"总战略的具体表现，而且还进一步扩大和发展了"一带一路"战略的内涵。

中国的海外高铁外交对于中国和其他国家都具有重要意义。通过高铁外交，一方面为中国高铁开拓了更广阔的市场，获得了大量利润，更为重要的是通过高铁的影响力使其他国家认识到中国目前的技术和创新能力，重新审视"中国制造"。在这个过程中可以促进各国之间的沟通，发展良好的友谊，实现各国的共同发展；中国高铁的外交对象也会逐步走出欧亚大陆，开拓更广阔的市场，产生更广泛的影响力，更好地推进"一带一路"战略的实施。习近平主席在 2015 年 10 月出访英国时，曾在中英工商峰会上指出，"一带一路"是开放的，源于古丝绸之路但不限于古丝绸之路，地域范围上东牵亚太经济圈，西接欧洲经济圈，是穿越非洲、环连亚欧的广阔"朋友圈",所有感兴趣的国家都可以添加进入"朋友圈"。中国的高铁外交促进了中国与周边各国的共同发展和繁荣,增强了国家之间的友谊,加深了各国人民的联系,进一步完善了"一带一路"发展战略。

第六章

中国绿色制造任重道远

一、中国制造业发展面临的挑战与机遇

（一）党的十八大以来绿色制造的新思想与新理念

当前，我国装备制造业正处于发展的关键时期。转型升级、结构调整将是中国装备制造业今后发展的主旋律，绿色制造、融合制造、服务型制造、超常态制造将成为中国制造业的发展方向，而实现转型升级必须找准着力点。为此，国家主管部门面对党的十八大提出的到 2020 年基本实现工业化和生态文明建设总体要求，提出了一系列力推工业绿色发展的系列新思想与新理念。

1. 实施绿色制造的系统工程。

推行绿色制造，就是要通过开展技术创新和系统优化，将绿色设计、绿色技术和工艺、绿色生产、绿色管理、绿色供应链、绿色循环利用等理念贯穿于产品全生命周期中，实现全产业链的环境影响最小、资源能源利用效率最高，获得经济效益、生态效益和社会效益的协调优化，是一项长期性、系统性的工作。为贯彻落实《中国制造 2025》，加快推动生产方式绿色化、构建绿色制造体系，工业和信息化部、发展改革委、财政部、科技部联合印发了《绿色制造工程实施指南（2016～2020年)》（以下简称《指南》)。

党的十八届五中全会提出了"创新、协调、绿色、开放、共享"五大发展理念，绿色制造工程实施指南的总体思路中贯彻了这些理念，其中绿色发展是绿色制造的核心理念，绿色制造的目标就是建立绿色低碳循环发展的制造业体系。《指南》提出了实施绿色制造工程的具体目标：到2020年，工业绿色发展整体水平显著提升，与2015年相比，传统制造业物耗、能耗、水耗、污染物和碳排放强度显著下降，重点行业主要污染物排放强度下降20%，工业固体废物综合利用率达到73%，部分重化工业资源消耗和排放达到峰值。规模以上单位工业增加值能耗下降18%，单位工业增加值二氧化碳排放量、用水量分别下降22%、23%，节能环保产业大幅增长，初步形成经济增长新引擎和国民经济新支柱，创建百家绿色工业园区、千家绿色示范工厂，推广万种绿色产品，初步建成较为完善的绿色制造体系，市场化推进机制基本形成等。

《指南》围绕"传统制造业绿色化改造示范推广""资源循环利用绿色发展示范应用""绿色制造技术创新及产业化示范应用""绿色制造体系构建试点"等提出了具体的工作部署，并根据行业现状调研和现有先进适用技术推广普及后的效果预测，确定了各项工作的具体目标。

2. 发展制造强国的内在要求。

工业是立国之本，是我国经济的根基所在，也是推动经济发展提质增效升级的主战场。工业要主动适应"新常态"，把绿色低碳转型、可持续发展作为建设制造强国的重要着力点，放在更加重要的位置，大幅提高制造业绿色化、低碳化水平，加快形成经济社会发展新的增长点。全面推行绿色制造是参与国际竞争、提高竞争力的必然选择。

我国制造业总体上处于产业链中低端，产品资源能源消耗高，劳动力成本优势不断削弱，加之当前经济进入中高速增长阶段，下行压力较大，在全球"绿色经济"的变革中，要建设制造强国，统筹利用两种资源、两个市场，迫切需要加快制造业绿色发展，大力发展绿色生产力，更加迅速地增强绿色综合国力，提升绿色国际竞争力。这就要求我们要形成节约资源、保护环境的产业结构、生产方式，改变传统的高投入、高消耗、高污染生产方式，建立投入低、消耗少、污染轻、产出高、效益好的资源节约型、环境友好型工业体系，这既是制造强国的基本特征，也是制造强国的本质要求。只有制造业实现了绿色发展，才能既为社会创造"金山银山"的物质财富，又保持自然环境的"青山绿水"，实现制造强国的梦想。

3. 生态文明建设的必由之路。

党的十八大作出了推进生态文明建设的战略部署，把生态文明建设纳入"五位一体"总体布局。党的十八届三中全会明确提出，要紧紧围绕建设美丽中国深化生态文明体制改革，加快建立生态文明制度，推动形成人与自然和谐发展现代化建设新格局。中央印发的《关于加快推进生态文明建设的意见》（以下简称《意见》），是我国第一个以党中央、国务院名义对生态文明建设进行专题部署的文件，是对党的十八大、十八届三中和四中全会关于生态文明建设的顶层设计、总体部署的进一步细化和落实，明确了生态文明的总体要求、目标愿景、重点任务和建立系统完整制度体系的方向性要求，是今后一个时期推动我国生态文明建设的纲领性文件。《意见》中首次将"绿色化"作为"新五化"（即"新型工业化、信息化、城镇化、农业现代化和绿色化"）之一，要求把绿色发展转化成为新的综合国力和国际竞争新优势，这是我国经济社会发展全方位绿色转型的最新概括和集中体现。十八届五中全会确立了创新、协调、绿色、开放、共享的发展理念，把绿色发展定位为五大发展理念之一。这些都对我国工业发展提出了新的更高的要求。一方面，我们要加快推进工业化进程，力争通过三个十年的努力，把我国建设成为引领世界制造业发展的制造强国；另一方面，要牢固树立并切实贯彻绿色发展理念，坚定不移地转变发展方式，促进形成节约资源和保护环境的空间格局、产业结构、生产方式和消费模式，实现绿色可持续发展。

随着我国工业化进程的加快，工业整体素质明显改善，工业体系门类齐全、独立完整，国际地位显著提升，我国已成为名副其实的工业大国。在 500 多种主要的工业品当中，有 220 多种产品产量居全球第一位。但我国工业发展依然没有摆脱高投入、高消耗、高排放的粗放模式，工业仍然是消耗资源能源和产生排放的主要领域，资源能源的瓶颈制约问题日益突出，从工业文明迈向生态文明成为了社会发展的必然趋势。

生态文明是工业文明发展的新阶段，是对工业文明的发展与超越。建设生态文明并不仅仅是简单意义上的污染控制和生态恢复，而是要克服传统工业文明的弊端，探索资源节约型、环境友好型的绿色发展道路。生态文明是人类社会与自然界和谐共处、良性互动、持续发展的一种文明形态，是工业文明发展到一定阶段的产物，其实质是建设以资源环境承载能力为基础、以自然规律为准则、以可持续发展为目标的资源节约型和环境友好型社会，形成人与自然和谐发展的现代化建设新格局。这对我国工业发展提出了新的更高要求，一方面，要加快推进工业化进程，到2020 年基本实现工业化；另一方面，也要更加重视生态文明建设，切实转变发展方式，形成节约资源和保护环境的空间格局、产业结构、生产方式和生活方式。建设生态文明，必须全面推行绿色制造，不断缩小与世界领先绿色制造能力的差距，加快赶超国际先进绿色发展水平。全面推行绿色制造，加快构建起科技含量高、资源消耗低、环境污染少的产业结构和生产方式，实现生产方式"绿色化"，既能够有效缓解资源能源约束和生态环境压力，也能够促进绿色产业发展，增强节能环保等战略性新兴产业对国民经济和社会发展的支撑作用，推动加快迈向产业链中高端，实现绿色增长。

（二）绿色化是中国制造面临的首要挑战

1. 工业文明引发的思考。

环境问题是当今全球人类面临的最重要的问题之一。从20世纪初工业革命以来，特别是后50年，环境问题成为人类社会中的重大问题，环境污染与生态破坏日益普遍，并不断恶化，甚至演变成相关的经济政治矛盾及危机，从而威胁人类的生存。近代工业化进程中，经济发展与环境保护是相互分离的，甚至被认为是两种不可共时性存在的事物。按照这种逻辑，势必会造成经济发展与环境保护之间的矛盾，以及在环境保护约束之外的经济发展所产生的生态问题。理论界曾经有一种错误的观点，认为经济的增长必然消耗资源、排放废弃物，因此经济发展与环境保护是一种对立存在。之所以得出这样的结论，主要是将环境保护狭隘地理解为通过末端治理的方式来修复环境问题，这必然耗费经济成本，从而降低经济效益。因此，就产生了近代工业革命以来困扰着西方世界乃至于当下中国的经济发展与环境保护之间的悖论，后来这种悖论也曾一度被演绎成"环境库兹涅茨曲线"的理论假说。通过西方国家近代以来的工业化进程，包括他们对于经济发展与环境保护问题处理所走过的"先污染后治理"路线，我们可以看出，孤立、机械地看待经济发展与环境保护之间的关系是造成当前全球生态问题的一个根本性原因。可以说，当今世界的环境问题是经济发展与环境保护相分离所造成的。

从人类经济社会发展来看，自然资源的过度开发及生态环境的恶化是值得重视的问题。工业经济遗留的问题是用自然价值交换物质价值和商业价值，虽然能够获得物质的极大丰富，但面临的将是自然资源的日益枯竭。如果将现阶段人类社会的科技发展和物质文明的积累与五千年前的经济水平相对比，人类可能会对今天取得成就而感到自豪，但是世界的图景可能不会因此而变得更加美好，也不会因为物质水平的提升而增加人类的幸福指数，并且人类不同种族之间的关系也没有变得更加和谐。反倒是战争、贫瘠、环境污染、恐怖活动等一次次打击着人们的内心，如果让人们牺牲部分当代取得的成就而去换取曾经安宁、平静，甚至有些落后的生活，也许人类对此并不会感到惋惜。那是因为，我们现在换来的发展是建立在更多的破坏基础之上的，这种毫无节制的发展代价，让人们开始反思，我们获取的成就和自豪是否含有正确的成分，这种正确的成分含量又有多少。在这种对现代发展模式开始的反思过程中，绿色发展的合理性必然成为了人们重点考虑的对象。

绿色发展是指将现在的工业文明变为环境友好型的工业发展，在得到发展的同时也要考虑环境的承载能力，降低发展的能耗和物耗，同时将损伤的环境进行一定的修复和保护，并且将循环经济理念和低碳技术纳入发展的概念当中，这必然会是社会经济与自然环境相协调的发展。绿色发展、循环发展和低碳发展三种模式的发展是具有相同内涵的，三者的目标都是形成资源节约和环境保护，从而达到生态文明的建设。对其内涵进行深究的话，绿色发展所涵盖的范围更为宽广，同时包含了循环发展和低碳发展，而循环发展和低碳发展均为绿色发展的具体表现形式，因此我们可以统一用绿色发展来进行表述。当今世界，不同国家、不同地区都在用不同的发展理念践行着绿色发展的内涵，可以说，绿色发展是未来世界发展的潮流和趋势。绿色发展的内涵也并不是墨守成规，而是随着世界经济和知识水平的增长，以突破环境承载能力和局限，去谋求一种经济增长与自然资源消耗相协调的发展模式，从而实现两者的共赢。

2. 绿色发展成为一种迫切需求。

在绿色发展理念提出的伊始，它被认为是一种可持续发展观，但其内容通常仅仅停留在经济发展与资源环境之间的和谐一致，而承载经济发展的生态环境常常被忽略。可以看出，这一理念的初始阶段也是不完备、不系统的。当然，随着人们经济水平的增长和知识水平的提升，以及一些消极的社会现象的出现，例如经济危机、自然资源匮乏、生物多样性的丧失，绿色发展的理念也在不断地充实着自身，新的时代性内涵就是在这个过程中赋予在理念之中的。从内涵来讲，绿色发展理念首先把生态环境容量和资源承载力作为发展的基础性条件，同时总结出传统经济发展模式的自身缺陷，为实现创新，而创建的一种实现可持续发展的生态系统平衡的新型发展方式。它不但将资源环境放入了经济发展的内在因素当中，而且将实现经济、社会和生态的协调发展作为绿色发展的目标，把绿色化、生态化等作为绿色发展在社会各个方面作用的主要内容。

绿色发展的理念是汲取了循环经济、可持续发展观及低碳发展等概念而产生的一种科学而全面的发展理念。它的最终目的是实现人民幸福和社会和平，强调在实现经济最大化发展的同时能够协调环境承载能力，是实现了资源节约、环境友好及社会进步的可持续发展。绿色发展要求既要改善能源资源的利用方式，还应保护和恢复自然生态系统与生态过程，实现人与自然的和谐共处和共同进化。绿色发展是学术界和政府在总结了过去粗放的发展模式经验基础之上形成的一种更高理念的发展，在生态容量和资源承载能力的双重要求之下，能够实现经济发展、环境保护及社会进步为基础的重要发展理念。

在总结了过去粗放的发展模式经验基础之上，绿色发展能够实现经济发展与保护资源的双赢模式，它同时强调效率、和谐和可持续的发展目标。"绿色就是富有生命力、健康和持久的，它是协调统一的、公平有序和具有多样性的"。① 绿色发展将生态环境作为经济发展的内在要素，在经济发展的同时兼顾生态效益，最终目的是实现人与自然、人与社会的可持续发展，要求经济活动过程的生态化和绿色化，不但要注重社会财富量的增加，还要更加关注其质的提高。"绿色发展就是要发展环境友好型产业，降低能耗和物耗，保护和修复生态环境、发展循环经济和低碳技术，使经济社会发展与自然相协调。"②

在绿色发展理念的审视之下，人们的生产更加重视效率的概念。这里的效率当然也包含了自然资源的利用，在生态环境的能够承载能力之内获得资源，并将利用率发挥到最高。应该看到，绿色发展的理念将环境保护和自然资源的利用放在重要的位置，在保证经济的增长的同时仍然维持生态环境的和谐和健康，这必然是绿色发展所遵循的目标和原则。与工业文明时期遗留下来的发展理念相比较，绿色发展理念是一整套完整的发展理念，这种理念强调人们要摆脱单纯的物质利益和社会财富的积累，将生态环境的和谐加入在协调的理念之中，从而实现生态文明的建设，遵循自然规律的发展。在这种发展方式的整合下人们才能最终实现健康的发展，不以牺牲环境和资源为代价的发展。而要在维护环境健康的基础上实现发展就要注重科技创新和生产方式的变革。

3. "十三五"谋划中国的绿色发展。

绿色发展，是对近代以来人类社会急速工业化进程的一次反思与超越，是治疗经济发展与环境保护二元对立顽疾的"良药"，用以应对当前全球范围内的气候环境恶化，破解经济社会发展的生态资源难题。中国共产党经过 20 多年的探索，对于绿

---

① 刘燕华：《关于绿色经济和绿色发展若干问题的战略思考》，载于《中国科技奖励》2010 年第 12 期。
② 胡锦涛：《在中国科学院第十五次院士大会、中国工程院第十六次院士大会上的讲话》，载于《光明日报》2010 年 6 月 8 日。

色发展积累了丰富的实践经验。1995年，十四届五中全会的"九五"规划建议中，明确提出要实施"可持续发展战略"，这可以看作对绿色发展做出的最初谋划；"十五""十一五"规划都在可持续发展战略的实施过程中，设置了建设资源节约、环境友好的"两型"社会的具体方案；"十二五"规划首次明确绿色发展的主题，提出"树立绿色、低碳发展理念"；"十三五"规划中，绿色发展再次成为指导我国经济社会发展的重要战略，成为国家生态文明建设的核心理念与重要模式。

通常，绿色发展主要是指在生态环境容量和资源承载力约束条件下，将环境保护作为实现经济社会可持续发展重要支柱的一种新型发展模式。作为一种社会意识，绿色发展的核心理念在于正确处理人与自然、人与人之间的关系。绿色发展理念来源于人类社会发展的历史实践，同时又将指导着人类社会的未来发展。狭义上的"绿色发展"，就是要发展环境友好型产业，降低能耗和物耗，保护和修复生态环境，发展循环经济和低碳技术，使经济社会发展与自然相协调。广义上的"绿色发展"具有更为丰富的内涵，是一种在传统发展方式上，融会东西方文化，将马克思主义生态理论与当今世界发展的时代特征相结合的创新发展方式。综合来看，"绿色发展"是"绿色"与"发展"的有机结合，强调经济社会发展与生态环境保护的统一。作为生态文明建设的中国模式，绿色发展深刻地体现在我国经济社会发展的"五位一体"总体布局当中。政治建设中，绿色发展要求完善保护生态的法规制度、加强执法监督机制及健全领导体制；经济建设中，绿色发展要求对产业发展实施绿色布局，通过低碳、循环、可持续的发展，提高人类福祉和社会公平；文化建设中，绿色发展要求在社会中培育绿色价值观，让绿色理念深入人心；社会建设中，绿色发展是现代社会的文明标志，寄托人类对未来美好社会的向往与憧憬；生态文明建设中，绿色发展要求通过合理利用自然资源，改善人类社会的生态环境，协调人类与自然的关系。

"十三五"时期，中国的绿色发展之路将是一条区别于西方价值理念，闪烁着东方智慧的现代社会文明治理之路。中国的绿色发展，以健全的制度体系为保障，以科技创新作为重要支撑，通过营造社会的绿色文化氛围，积极动员、全民参与。在加快构建生态文明制度体系方面，要健全自然资源资产产权制度；在实施创新驱动发展战略方面，要围绕生态文明建设制定系统性技术解决方案；在形成绿色社会"共治共享"新格局方面，要积极提升公众生态文明建设的参与度。总之，中国的绿色发展不仅是生态文明建设的中国模式，还将为世界的绿色发展贡献中国力量。

（三）中国制造业站在新的历史起点

1. 中国制造业进入"新常态"。

"新常态"这个词最早在 2014 年 5 月由习近平总书记提出，在 2014 年 12 月 11 日闭幕的中央经济工作会议上，则首次从消费需求、投资需求、出口和国际收支等九个方面，详细剖析、对比了中国经济的趋势性变化，进而得出结论：中国经济正在向形态更高级、分工更复杂、结构更合理的阶段演化，经济发展进入"新常态"。近几年，我国 GDP 增长放缓，由过去的高速增长转为中高速增长的"新常态"，而中国的制造业受各种内部因素和外部压力的影响，也开始迈入制造业的"新常态"。与互联网产业的风光无限相比，制造业目前可谓在重重困难中艰难跋涉。2015 年我国 GDP 增长速度为 6.9%，从近 20 年的数据可以看到，中国经济在 2007 年 GDP 增速达到 14.2%，接近十一个峰值：1992 年的 14.3%。2007 年后开始下行，虽在 2010 年又回到了 10.6%，但此后并未反弹到原来的高度，近几年持续回落。由此可见，我国的经济增长速度明显放缓，中国的经济已经进入了一个与过去 30 年高速增长期不同的新阶段，迈入了经济发展的"新常态"。

　　"新常态"这个概念截至 2017 年提出已三年有余，在这一理念的指导下，中国制造也开始步入新的阶段。中国制造过去的发展模式主要是靠要素驱动，特别是人口红利及投资驱动。而近几年，我们可以看到中国制造面临着双重压力：内部人力成本和运营成本持续上涨，外部经济形势持续萧条，贸易数据每况愈下，低端制造面临东南亚和发展中经济体的低成本竞争，高端制造需要抵御发达国家的冲击。

　　在内外双重的压力下，中国制造也开始进入一种"新常态"：一是成本优势逐步削弱。美国波士顿咨询集团发布的报告指出，中国的制造成本已经与美国相差无几。在全球出口量排名前 25 位的经济体中，如果以美国的制造成本为基准 100，则"中国制造"的成本指数为 96。结果一出，引起广泛关注和轩然大波。"中国制造"的劳工成本优势不再，传统劳动密集型制造业竞争力消失。二是转型升级和价值链攀升。一方面原有劳动密集型产业向东南亚和印度等更低劳动力成本的国家转移；另一方面，中国制造正向价值链更高端的产品延伸。《中国制造 2025》是我国实施制造强国战略第一个十年的行动纲领，为中国制造业转型升级设计了规划，将"中国制造"向"中国智造"推进。三是互联网和制造业紧密融合。互联网和传统行业深度融合，将成为新一轮"中国制造"的制高点。物联网、云计算、大数据、工业互联网、移动互联网、电子商务等都将成为推动制造业发展的关键技术。四是消费者需求驱动。消费者的需求越来越趋于多元化，对产品质量、创新性等要求高；个性化的需求越来越多，对需求的响应时间要求越来越短；对服务质量的要求越来越高。同时消费者需求也在不断变化，能否紧紧抓住消费者的需求、满足消费者的体验，在很大程度上决定了企业的成败。五是出口增速放缓。受困于全球经济疲软，"中国制造"出口数据增速放缓，过去多为两位数增长，如今已经降到一位数的增长，甚至在某些月份出现负增长。六是环境与资源的挑战。近十年来中国制造业快速发展，在消耗大量能源的同时，也给环境带来了巨大的影响，制造业高污染、高能耗的问题愈加凸显。解决这个问题需要从两个方面着手，一方面企业需要强化产品全生命周期绿色管理，努力构建高效、清洁、低碳、循环的绿色制造体系；另一方面在政府的指导下进行产业结构调整，发展清洁能源及加大各类节能技术与节能设备的研究与应用。

从钢铁、机械工业、汽车、家电、食品、医药等几个主要行业看，中国的制造业压力不减，亟须做出转变以应对"新常态"。中国制造过去的发展模式主要是靠要素驱动，特别是人口红利，而保障"新常态"的关键是切换新的动力机制，从要素驱动转向创新驱动。因此，对于中国制造业来说，只有主动适应中国经济发展的"新常态"，做好充足的准备，抓住机遇，加强自主创新，才能实现可持续发展，重塑制造业竞争优势。

2. 中国制造业的创新式发展。

从中国制造业开始兴起至今已经经历了半个多世纪的发展历程，可以说我国已经完成了一个相对独立完整并且种类齐全的制造业体系，在这个过程中，积累了较强的产品基础和技术水平，现已经成为了全球第一制造大国。但是，应该认识到传统制造业的创新体系很难维持未来经济发展的需求，亟须实现三个深刻的转变：首先，要打造一条全新的创新链条，实现由目前的以技术引进为导向的技术创新向自主技术创新的转变。技术引进是后发国家在实现制造业发展的前期表现，也是主要的追赶途径。通过经验表明，这种创新模式不能持久，尤其在后工业文明时代，要想实现制造业的赶超，按照目前的发展模式是难以做到的，必须建造独立自主的创新模式。这就要求我们必须适应全球产业变革的发展潮流，占领自助特色的创新载体，完善不同领域的自主制造模式，开拓全新的技术创新链条，以改善传统创新产业链条的脱节和不足，逐步完成自主性的创新机制，从而解决制造业中核心技术供给不足的问题。其次，是要打造一条新型的产业链，实现单一的技术攻关向全方位技术要素的汇集。全球的竞争正处在由产品竞争转向产业链的竞争阶段，也就是说全方位产业链的竞争和整合能力直接决定了制造业的整体水平。目前，我国长期出现技术十分匮乏的"技术孤岛"现象，创新资源要素在很多产业链要素中尚存在多头部署及投入分散等一系列问题，从而导致部分重点领域很难达到整体的突破和发展。因此，中国制造业需要建立一种新型的创新载体，整体规划、协同配置各种创新资源要素，集聚整合具有单一的技术成果，围绕产业链部署创新链，围绕创新链条进行改进资本链，最终形成产业链系统突破型态。再创造出一套创新的生态系统，逐步实现单一的本地创新向整体、跨领域的协同创新转变。中国的制造创新过去长期从科研项目的部署到技术研发突破，再到产品行业创新线性模式，这种模式一直难以支撑技术与行业跨国界的融合发展新需求，因此创造一个涵盖技术、人才、政策和国际合作一体化的制造创新生态系统至关重要。创造创新文化氛围，发挥各类创新型运营商的作用，打破了单位、组织、地区、行业的界限，形成了制造业协同创新网络平台的高层次特色，塑造了中国制造业国际竞争的新优势。

3. 中国制造的绿色发展。

在我国成为世界第一制造大国之后，现有的资源很难协调传统的工业发展和自然资源消耗之间的关系，因此要求我们必须要改进现有的经济增长方式和发展模式。绿色制造的发展理念中涵盖着循环经济的理念和可持续发展的内涵，倘若想要选择一条技术水平高、环境污染小，同时又能实现经济效益好、资源消耗小的道路，就必须坚持绿色发展的道路。绿色制造是指在不影响产品的正常性能、结构、特质的基础上，将环境影响和资源利用率的因素加入到考量体制内的发展模式。通过绿色制造，无论是在产品的设计、制造、运输还是在售后、回收等过程中都形成对环境承载力的充分考虑，以及人类本身的危害及社会影响的全面考量，与此同时也能够保障企业本身的生存与盈利。积极发展绿色制造就是将关键的技术嵌入在产品设计、产品制造、产品营销，以及产品回收等相关产品的生命周期之中，可以同时将绿色、环保、节能等制造理念运用到相关制造过程中，从而研发出一整套绿色发展工艺，并通过这种方式使我国制造业一直走在全球制造业的前列。《中国制造2025》指出，我国应全面推行绿色制造，加大先进节能环保技术、工艺和装备的研发力度，加快制造业绿色改造升级，积极推行低碳化、循环化和集约化，提高制造业资源利用效率；强化产品全生命周期绿色管理，努力构建高效、清洁、低碳、循环的绿色制造体系。然而我国的现状是，工业占全国能源消耗的比重超过70%，因此在绿色发展发面，还需要长时间的技术积累和转型过程，我国的绿色发展之路漫漫而修远，应先从绿色制造着手，开启我国的绿色发展之路。因此，全面实施绿色制造工程是大势所趋、势在必行。

中国制造业的绿色发展还要大力推进信息技术应用。新一代信息技术通过对产品的配方、工艺及原材料采购、生产制造、仓储、运输、使用、大修和报废的全过程进行监控和管理，成为制造企业实现绿色制造的有力保障和必然选择。可以说，利用信息技术促进工业绿色升级已势在必行，应列为企业发展的"必选动作"。例如，建立能源管理中心是企业提升能源管理信息化水平的重要手段。统计数据显示，已经建设能源管理中心的企业平均节约能源1.5%～10%。从河北已经建成的20余家企业运行情况看，可节约标煤近100万吨，节水260万吨，节电2 140万度，减少二氧化碳排放1 078吨，减少汞排放6万吨，节能效果显著，大气排放明显减少。经测算，如果环渤海地区以上企业全部实施企业能源管理中心建设，预计节煤量可以超过1亿吨。同时，推进绿色制造工程也要兼顾我国工业基础，从全球范围看，尽管我国工业在一些领域比如电力装备、工程机械有一定的竞争优势，但是从总体上讲，我国仍然处于工业2.0阶段、3.0阶段，与德国、美国这些国家相比，我们还有较大的差距，因此我国有些工业企业的信息化基础还有待提升。在这样的背景下，推进绿色制造工程则要根据实际情况分类指导，制定差异化目标，从而让更多的企业应用新一代信息技术践行绿色制造，进而推动我国制造业整体实现绿色制造目标。

二、中国绿色制造发展的"绿色自信"

虽然中国绿色制造正处在挑战与机遇共存的关键时期，诸多问题亟待解决，但是作为一个正在向制造业强国转变的制造业大国，中国不应知难而退或妄自菲薄，而应该在此战略机遇期表现出自己的"绿色自信"。"绿色自信"是一种积极的发展态度，是对我国制造业发展状态的新要求。它不是盲目乐观，而是建立在目前已有的发展及创新水平和发展潜力上提出的新理念。通过绿色技术创新、发展范式的绿色转变和企业生产与绿色技术的有机结合，"绿色自信"的资本就会体现在中国制造业的方方面面。

（一）绿色创新成为中国绿色制造的强劲推动

1. 我国制造业技术创新能力薄弱。

新中国成立以来，特别是改革开放以来，中国已经成为一个制造大国，但是制造业"大"不"强"的问题还是很突出，根本原因在创新能力不强，突出外部技术依赖度高，关键核心技术依赖进口，行业普遍技术供应短缺，创新和产业化成果差。这些问题的主要原因是缺乏实验室技术转移到产品技术的创新平台和试点制度，缺乏工业共同技术供应体系，工业发展的基本材料，基本技术支撑。要实现制造业从大到强，中国的制造业正面临着一个新的历史性任务。为了应对这一挑战，关键是创新，困难也是创新。建设新型创新载体，构建创新网络是全面提升制造业可持续竞争力的重要途径。针对制造业创新发展的主要需要，积极从发达国家的战略部署和成功经验中学习，将创新中心建设作为开展各类创新资源整合重组的一种途径技术、组织、业务、资本分配和屏障主体，促进创新机制，模式创新和管理创新，进一步保障创新技术转变为商业商品的途径畅通。这对我们来说是一项紧迫而艰巨的任务。

　　而所谓"难点"也在创新，就是因为技术创新能力薄弱是中国制造业产业升级的最大制约因素。一方面我国制造业企业在发展过程中大量依赖技术引进，而在技术引进后不能很好地消化吸收，产品仍停留在原有技术水平，当国外出现新产品、新技术的时候，只能通过再次引进的方式提升技术能力，推出新产品；另一方面，在制造业生产设备和装备方面大量依靠国外产品，即使本国能够生产的一些设备，也由于缺乏系统集成能力，而难以形成设备体系，沦为国外相关设备厂商的配套企业。我国技术创新能力薄弱源于以下两个方面的原因：一是技术引进存在问题，二是技术创新活动不足。技术创新并不意味着不需要技术引进。技术引进为本国企业提供了学习先进技术和创新行为的机会。通过对引进技术的消化吸收可以缩小本国技术水平与国际先进水平的差距，降低本国技术创新的成本。在分工高度专业化的今天，任何重大技术创新都难以离开已有技术的运用，并不存在完全意义上的自主创新。在技术引进基础上的再创新也成为后发国家实现赶超的重要途径，以日本为代表的技术引进后再创新的成功证明了技术引进对后发国家产业升级的重要性。但是引进技术仅仅是技术引进的第一步，完整的技术引进是包括引进、消化、吸收的全过程，在这一过程中消化、吸收的投入远大于技术的引进。相关研究指出①，日本、韩国在技术消化吸收上投入的资金是技

---

　　① 杨勇华：《技术创新扩散"适应性学习"演化机制研究—兼论技术引进与自主创新的关系》，载于《现代经济探讨》2010 年第 3 期，第 44 ~ 48 页。

术引进费用的 5～10 倍，而我国技术消化吸收上的投入还不到技术引进的 1/10。也就是说引进相同的技术，日韩在引进后的投入是我国的 50～100 倍。这也从一个角度解释了如下现象：中韩汽车业都采取"先引进，后创新"的方式进行技术创新，但韩国实现了自主创新，成为世界汽车强国之一；而中国却陷入"引进、落后、再引进"的怪圈，依靠技术引进的车厂沦为世界汽车巨头附庸。

　　加强制造业的发展动力，关键是实施好创新驱动的战略。[①]近年来，以企业为主体，产、学、研、用相结合的创新体系正在形成，并显示出强大活力和动力，重大创新成果不断涌现。例如，ARJ21700 型新涡扇支线客机正式投商业运营，C919 大型客机完成大部分地面实验即将实现首飞。在肯定成绩的同时，也要清醒看到我国制造业创新体制机制还不完善，仍存在一些制约创新的短板和弊端。从扶植政策来看，鼓励企业创新的政策在实际执行中还存在落实不到位问题，认定高新技术企业的门槛高，制造业企业受惠面偏小；从激励机制来看，充分调动创新人才积极性的制度环境有待改善，有利人才、信息、风险资本等创新要素自由流动、高效配置的机制还需完善；从服务体系来看，支撑企业开发创新的公共服务平台数量还不多、能力还不强，大型科研设备和创新资源开放共享程度不够；从社会环境来看，鼓励创新、宽容失败的社会氛围还没有形成，产业工人的社会地位和收入都处在较低水平。所以要解决创新能力薄弱的问题，还需要从构建创新体系、完善创新机制和激励机制、构建良好的社会环境等多个方面共同努力。

---

　　① 本部分内容根据工业和信息化部部长苗圩，在"中国发展高层论坛 2017"所做题为"中国与世界：经济转型和结构改革"发言整理。http：//money. 163. com/17/0319/14/CFT8FC84002580S6. html.

2. 绿色创新成为中国制造的新动能。

中国的制造业在创新驱动下，应逐渐向绿色升级、智能制造的方向靠拢。所谓绿色升级，就是上文中提出的制造业绿色发展模式，它是生态发展的需要，也是中国制造向高端发展的必然选择。而智能制造，就是指利用"互联网＋"模式使工业化和信息化有机地融合在一起，实现两者的互相改造与促进。绿色制造侧重降低消耗，强调科技含量高、资源消耗低、环境污染少；智能制造侧重提质增效，强调互联互通、自动智能、个性服务。两者相互补充，更相互促进、不可分割。智能制造中的信息化技术应用，如智能电网、智能建筑、多网融合等，不仅能让生产、销售等环节互联互通，也有利于减少资源消耗，促进节能减排。绿色制造中要推行的新材料、节能工艺等，也有许多与智能制造需要上马的新产品、新技术不谋而合。在中国制造提质增效升级的过程中，绿色和智能都是重要的方向，也在许多方面殊途同归。与此同时，绿色制造要求产品设备、科技工艺和生产流程升级换代，由此孕育出新的经济增长点和新的发展动能。

"十五"规划特别提出要推动制造业传统转型，推动建立绿色低碳循环发展的产业体系，鼓励企业升级技术装备。绿色制造实施的关键在于绿色科技和绿色产品的不断创新和推广应用，涵盖了传统产业升级的需要，也是发展的高起点的新兴产业。钢铁、纺织等传统制造业采用高效的绿色生产技术和技术装备，转变传统的制造工艺，信息通信、高端设备等新兴产业将不得不从绿色设计开始，构建整个绿色产业链。由此产生的绿色数据中心、可再生能源、智能电网、智能物流等不仅有助于推动中国制造业绿色智能化高端产业链，而且可以促进节能环保上下游产业链发展，创造新的经济增长点。

3. 实施高端装备创新工程。

中国制造的绿色发展，对于绿色技术有着巨大的需求。我国需要推动新一代绿色产业技术与制造技术融合发展，把绿色制造、智能制造作为深度融合的主攻方向。我们的目标是到 2020 年，试点示范项目运营成本降低 30% ，产品生产周期缩短 30% ，不良产品率降低 30% 。首都经贸大学产业经济研究所所长陈及称，我国制造业发展面临不少制约，其中最明显的就是劳动力成本上升。而智能制造有利于延长我国制造业的竞争优势，发展智能制造可以提高生产效率，有利于企业应对未来劳动力成本上升等问题，同时也可以加快标准化生产，保持竞争优势。

2010 年，中国超过美国成为世界上最大的制造业国家，但其特点是大而不强，特别是高端装备制造业的竞争力尚未得到加强。以集成电路行业为例，近 80% 的集成电路芯片取决于进口，其中高端芯片进口率超过九成，突显出中国制造业自主创新能力不强，缺乏关键的核心技术。在这方面，中国制造业的未来发展需要组织大型飞机、航空发动机和燃气轮机、能源和新能源汽车等一批创新型工业特种重大项目，到 2020 年上述领域实现自主研发应用，到 2025 年高端设备的自主知识产权市场份额大幅增加，对外依存核心技术显著下降，基础配套能力明显提高，设备重要领域达到国际领先水平。《中国制造 2025》提出，"改变我国制造业大而不强的关键就是高端制造业要有突破，目前我国在高端制造业领域，不管是品牌还是技术与国际先进水平都还有一定差距。"就目前国内制造业的发展来看，高端诊疗设备、高档数控机床、海洋工程装备、民用航天这些不仅是目前的高端装备比较集中的领域，而且也代表着未来新兴产业发展的方向，中国在这些领域都还有一定基础，现在迎头追赶还不算晚。由于这些领域投资比较大，而且开始盈利困难，因此需要国家给予支持，帮助其度过发展最初的阶段。因此，政府支持的高端装备创新工程正是中国制造绿色发展计划中重要的一环。

4. 政府构筑创新发展的制度性保障。

目前绿色制造已经成为国际发展的趋势，随着环保意识的提升，消费者愿意花费更多的钱购买低碳、环保的绿色产品。在群众响应良好的前提下，体现了一种有序、健康的发展理念的绿色制造被越来越多的国家所接受，将成为企业竞争力、社会责任感的重要体现。中国国际经济交流中心咨询研究部副部长王军在接受北京商报记者采访时表示，我国制造业发展走过高耗能、高污染的路子，多年的发展经验已经证明，高耗能、高污染的发展是不可持续的。所以要提升中国制造业的"绿色质量"与"绿色效益"，我国政府要推进制造业绿色升级，构筑创新发展的制度性保障。

（1）弥补产业政策的缺陷。产业政策通常在社会中对产业的发展起到资源优化配置的强大作用。由于市场变幻莫测，产业想要灵活应对市场变化就需要有机动性强的产业政策做强大后盾，随时弥补市场失灵。我国产业政策是在长期摸索中形成的，政府在政策制定中具有较强的决定性，在产业政策中也产生了政府的主导性。从行业中体现产业政策较为突出的是汽车产业，我国 1994 年出台《汽车工业产业政策》，其颁布后我国汽车产业日益走向扩大化的趋势，逐渐成为生产业的主要发展方向，从此我国汽车行业出现了合资车厂，更是加速了我国汽车行业的飞速发展。2004 年出台了《汽车产业发展政策》，此政策的颁布提倡"自主创新"，尽管政策的导向性很强，要求自力更生，自己研发汽车产业技术，但是政策的操作性不强，尤其是其没能细化到具体的发展模式或具体措施，政策的要求不能以正常的方式落实到位。虽然我国先后出台的两部汽车产业政策对汽车产业的发展具有实际意义上的推动作用，但是可以看出其也具有严重的缺陷，其中政府行政手段的过分干预及对不同市场的调查研究不够，导致不能很好的发挥政策对汽车产业发展应有的强力推动作用。

从以上的产业政策可以看到，我国在产业政策的制定上有以下特色：首先，计划经济的特点贯穿于整个汽车产业政策，政府有较强的直接干预能力；其次，政府并不是通过研究市场的走向与趋势开展工作，而是闷头制定自己的政策框架，结果比较僵化，不能灵活应对市场失控。在这种政策环境下，部分企业没有能动意识，消极的支持产业政策，完全按照政策指示开展生产工作，这只会导致犯脱离实际情况的主观臆想的错误。即使是企业内部高度提倡创新，其结果也不能适应瞬息万变的市场，难以有持续性的发展。最后产业政策不能从整体上把握企业，而是挑肥拣瘦，更多的关注于大型企业、扶持大型企业，对于小型的企业并没有予以重视，这样最终使市场弱化，众多的中小型企业没能发挥其创新主体的作用。不难看出，我国的产业政策长期以来过度的干预企业行为，不能很好的利用市场这只"看不见的手"，市场配置资源不能合理化，进而使得我国的企业不能在世界大环境中具备较强的竞争力。要想弥补上述产业政策缺陷，我国产业政策的重点就应放在如何推动市场有效竞争，为企业提供科研、人才和信息等环境的建设上。

（2）提供创新发展的经济手段。经济手段主要分为两种，一种是市场手段，一种是非市场手段。市场手段是指产业政策的理念和方式应由市场决定，即采用更加市场化的方式来引导产业发展。举例来说，排污权交易就是政府采取市场手段促进绿色发展的一个良好示范。排污权交易，即政府依照科斯定理，在控制排污总量的前提下，以销售、出租、拍卖、馈赠等方式将排污权发放给污染者，并建立排污权交易市场，允许排污权像市场商品一样予以流通。由于排污权交易具有治理污染成本最小化和操作性强等优点，可以鼓励企业采用绿色技术创新。对未开展绿色技术创新的污染企业来说，买进污染权份额不但增加了生产成本，更是把自己推向生产竞争的劣势境地，因此排污权交易有效地促进了排污企业的转型升级。

非市场手段则是指政府运用价格、税收、收费、信贷、补助金、抵押金、保险等经济杠杆，迫使企业将产生的外部费用纳入其经济决策之中。这些手段主要有：①征收环境资源税。污染环境严重的企业由于被征收高额的排污税、燃料税、污染产品税等，将得不到高额利润，而不得不开展绿色技术创新，调整其产品结构。②直接拨款。接受拨款的企业和相应科研机构直接秉承政府的意志，专心致力于绿色技术创新，同时也便于政府管理。③信贷优惠。政府金融部门对企业从研究发展绿色技术到商业应用的各个环节提供低息、无息的优惠贷款。④政府购买。直接购买企业开发出的绿色技术、产品，尤其是适用于公共部门的新产品，将其应用于社会公共事业，不仅直接促进了企业增强绿色技术创新能力，而且保证了政府与民众的需求，发挥了绿色技术、产品的社会效益。

（3）提供创新发展的政策手段。对于中国绿色制造创新发展，中国政府着重筑构的政策手段主要有三大类：一是专利保护手段。在信息时代下，互联网技术加速了科学的传播和技术的推广，绿色技术更是成为一种容易共享的商业化技术。这就需要企业研发时注重对技术创新成果的专利保护，不仅可以保护企业技术的专享性，还能激发企业的创新动力。二是法律规范手段。长期发展以来，我们在生态环保上的法律法规建设从无到有，逐渐形成体系化的生态法律制度，但是依然不够完善，需要不断的改革，建构科学合理的法律体系。三是政策调节手段。政府需要从大方向上给企业予以指导，将企业引向绿色可持续的生产模式，政策制定遵循灵活多变的原则，对有利于生态文明建设的企业予以鼓励，提供资金、技术、市场信息等资源。这三大类重点的政策手段可以在产业政策、税收政策等方面加大对绿色制造企业和绿色产品的支持力度。

（4）定义绿色制造标准，建立绿色产品认证体系和激励机制。绿色制造的标准问题，在我国一直处于比较模糊的状态，所以我们首先需要明确绿色制造标准，建立相应的技术标准体系。绿色制造技术标准体系不仅要求在绿色制造的各个环节都明确其标准，还应该与质量管理体系标准、环节管理体系标准的内容要求一致。其次，我们缺乏绿色产品的鉴别意识，以往并不关注产品是否绿色化，这导致绿色产品的认证体系过于松垮，我们需要强化绿色产品意识，建立严格的绿色认证体系。这一体系可以严格控制制造商的生产从工艺流程到最终产品都具备绿色属性，实现低能耗、低污染、低碳等目标，尽可能地降低对环境的污染。最后，政府应该建立能够刺激企业创新绿色产品的激励机制，设立专项基金，用于解决目前制造业面临的各种环境污染问题，尤其是加大对低能耗、高效率、低污染排放、低碳等绿色技术的创新研发，利用政策支持和奖励等手段刺激企业，使企业在绿色制造的道路上越走越远、越走越顺。

（二）"绿色技术范式"引领绿色制造的技术方向

18 世纪至今的两三百年时间里，技术在社会各个领域得以全面发展。技术产物逐渐取代原有的自然而形成把人类完全包围起来的环境。在这种逐渐失控的技术秩序下，各种技术弊端和社会后果逐渐显现，甚至开始严重威胁人类的生存。严格来说，现代技术模式受到了前所未有的挑战。

1. 传统技术范式的绿色转向。

20 世纪 60 年代至 70 年代，技术向社会全面渗透，伴着一路高歌的辉煌，危机和灾难也随之膨胀，殃及全球，世界范围内的反技术、反文化、反文明思潮开始形成。但是在学者赵建军看来，彻底的技术悲观主义是一种极端。现代技术无法从真正意义上解决生态问题，但是要真正地解决生态问题又不能忽略技术的作用，彻底放弃技术修复来解决环境问题无异于因噎废食。恢复人类真正的存在，解决经济发展与生态环境之间矛盾的当务之急就是重新对技术进行审视，探寻一种具有生态指向性的进步技术，而绿色技术正是现代技术绿色化发展的结果。所谓绿色化是一种动态化过程，代表了事物通往生态自然与人类世界价值统一的状态，将生态的自然观、价值观内化为思维方式，外化为具体行动。现代技术的绿色化过程应该全面地体现经济维度的进步、政治维度的进步和文化维度的进步。在现代技术范式中，经济维度的进步成为技术发展的主要目标和判定标准；而绿色技术则是从系统性的角度出发，在绿色理念的指导下，从根本上将经济、自然、社会等多个因素有机地联系起来，是以实现人类利益和环境利益共同发展为核心理念的技术，是为了更好地实现人类长远利益发展的技术，是对现代技术只重视人类眼前物质利益，而不注重社会、生活、文化等价值的扬弃和批判。可以说，绿色技术的产生与兴起既是技术自身逻辑进步的结果，也是人类历史发展的必然，体现了社会的新方向和新趋势。绿色技术逐渐替代现代技术成为社会主流技术的趋势是不可改变的。

　　绿色技术范式的形成首先需要解决人与自然的关系问题。以人类为中心的发展观给自然、社会和人的存在造成了很大的破坏，甚至是毁灭性的影响，扭曲了人与自然的关系，使生态危机不可避免。要协调人与自然的关系，必须要反思过去的工业化道路，"遵循生态学原理和生态经济规律，能够保护环境、维持生态平衡、节约能源资源，是促进人类与自然和谐发展的一切有效手段和方法。"[①] 只有人们的观念转变到生态保护上，绿色技术范式才有可能发挥积极的正面效应，从而支撑着可持续发展的不断深入。

　　现如今全世界已经认识到了工业文明的困境，开始了现代工业化的新探索，提出了生态文明、可持续发展的绿色技术范式。可持续发展时代的科学范式应是一种融合了环境知识—生态知识—科学知识的新范式，即科学知识—环境知识范式、科学知识—生态知识范式，进一步可概括为"绿色知识范式"；技术也是一种蕴含环境哲学、绿色文化的技术范式，即技术—环境范

---

　　① 秦书生：《生态技术的哲学思考》，载于《科学技术与辩证法》2006 年第 4 期，第 75 页。

式、技术—生态范式，进一步亦可概括为"可持续技术范式"或"绿色技术范式"。绿色知识范式和可持续性技术范式都体现了可持续性发展的时代特色。

在范式转变的过程中，一批寻求解决社会、经济、政治、环境、生态协调发展、实现人与自然和谐共处的科学家、工程师、政治家、普通民众共同组成了绿色知识共同体和绿色技术共同体，他们彼此之间相互交流信息和知识。绿色知识共同体和绿色技术共同体将更多地关注科学技术的伦理、生态或环境责任，重视技术的生态价值、环境价值、可持续发展价值的评价和分析，并自觉应用于技术的开发。基于这些特点，绿色技术不但可以快速地支持工业文明大而快的发展需求，而且可以在考虑经济效益的同时考虑社会效益，促进社会发展到一个可持续且环境宜人的文明状态。

2. 企业分享绿色技术创新的红利。

当前，我国企业生态经济综合效益较低的一个主要原因是绿色技术创新和扩散严重不足。而通过绿色技术创新和扩散，采用使经济和生态环境相协调、具有生态正效应的绿色技术，推行生态化、清洁化的生产方式，能使原材料和废弃物再循环利用，把污染物尽可能地削减在源头和生产过程中，实现企业经济增长和生态环境保护之间的良性循环。面对新技术个体或者技术范式，企业、公司并不是马上将它直接应用于生产中，他们还要考虑企业内部的各项技术是否与新技术相匹配，是否能够整合到企业的组织机构和商业流程中，能否获得更高的利润和广泛的市场前景等问题。企业外部需要考虑行业、商业、社会等方面在遭遇新技术时可能的反应、大众的接纳程度及旧的技术被废弃的风险等问题。所有新技术的展开、市场的发展、调试和认可，都需要大量的时间。"旧的配置必须接受新域并熟悉其内在实践方式，这就意味着那些运用旧语法的工程师们要重整旗鼓，面对新域。这样做并不轻松。所有这些必须经由金融、制度、管理、政府政策，以及可以熟练运用新域的人共同协作完成。"①

　　全面推行绿色制造，技术进步和创新仍将是决定性因素之一。要突出绿色工程科技的战略支撑作用，加强绿色科技创新，加快研发应用技术先进、经济可行的实用技术，积极组织实施能够统筹节能、降耗、减排、治污的集成化、系统化绿色解决方案。绿色制造更加强调全生命周期的技术创新，即革新传统设计、制造技术和生产方式，全面实现绿色化，构建起一个绿色制造体系，包括推行生态设计、建设绿色工厂、实施绿色制造、加大循环利用、倡导绿色消费的整体体系。比如工信部正在大力推行的生态设计，是从方案设计就开始考虑产品全生命周期对环境、资源的影响，从而在原料选择、生产工艺、绿色消费、有效回收等各环节统筹发展绿色制造。

　　绿色技术对于综合生态效应的取得具有很大的帮助，应该重视绿色技术的创信和扩散，这也是制造业企业创造永久性动力的根本。举例来说，某一金属制造业的公司在未使用绿色技术或者生态工艺之前，对于资源的使用非常不合理，在输出端会伴有重污染源的排放，像是含有汞、铬等重金属的废水或者废弃，都会在未经处理的情况下排放，一方面浪费了自然资源的使用率；另一方面对社会有不可挽回的损伤。倘若该公司按照生态优化原理或者生态经济的规律，合理使用绿色技术等手段，对传统的生产线进行改造，尝试建立闭路循环的生态工艺流程，可以实现对废物和废弃的再循环再利用，这样一来大大提高了资源的使用率，在减少资源浪费的同时，又能缓解生态环境的压力。

　　事实证明，绿色制造技术创新不仅有利于行业节能降耗，还能带来巨大收益。西安陕鼓研发的高炉鼓风能量回收机组，每台可为用户节约费用5 680万元，产品年预期效益在20亿元以上；

---

　　① ［美］布莱恩·阿瑟著，曹东溟、王健译：《技术的本质》，浙江人民出版社2014年版，第177页。

苏州帝瀚成功开发了"切削液智能化循环利用系统"，已在江淮汽车等公司成功应用，预计能形成 200 亿元的市场规模，同时每年为加工企业节约成本 80 亿～100 亿元；鞍钢矿渣是冶金渣处理工艺技术装备的"领跑者"，去年共利用固废量达 600 万吨，年产值达 8.5 亿元。在政府和企业都高度重视绿色制造的今天，采用绿色制造技术的企业已经尝到了这种发展方式的甜头。今后的发展过程中，响应绿色制造的企业势必将进一步扩大其优势，分享绿色创新带来的红利。

（三）企业释放绿色技术创新的巨大活力

绿色技术创新和扩散是我国企业实现可持续发展的关键。现有传统技术应用所引起的环境污染、生态破坏和资源耗竭是最严重的负效应之一。[1] 在现有的技术经济范式下，我国企业的生产过程基本上是线性和非循环的，消耗、浪费大量资源和能源，同时排放大量的废弃物污染生态环境。现在人们越来越认识到"现有技术系统＋末端治理"的模式在可持续发展中的局限性，提出了通过创新和扩散发展具有生态正效应的绿色技术的要求，以实现企业生态经济可持续发展。在这种发展理念和模式的带动下，企业的创新活动大大增加，高新技术产业增长，有力地促进了企业的技术进步和经济社会发展，释放出巨大活力。

1. 任务导向型绿色技术创新。

技术创新是一个涉及技术研发及扩散、营销等阶段的系统过程，这一系列步骤的连续才标志着技术创新过程的完结。单项绿色技术创新过程的源头主要是市场需要。当描述单项绿色技术创新时，由于企业绿色技术创新活动的复杂性，我们可以将企业绿色技术创新过程简单抽象为线性过程。企业研发的目的是开发有

---

① 张小军：《企业绿色创新战略的驱动因素及绩效影响研究》，浙江大学，2012 年。

竞争优势的新产品和新工艺。要么提供有新功能或低成本的新产品；要么开发能保证产品质量，快捷、稳定生产，节省材料、能源、人工的工艺技术。目前，能源紧张的现实对企业研发也提出了新的要求，这种要求既体现在新产品的研发上，又体现在新技术的研发上，是一种现实需求的驱动。回顾绿色技术创新发展的历史，也是消费领域的绿色化引发了生产领域的变革。人类对自身行为，特别是对自身经济行为的反思，使人类逐步确立起了可持续发展观，并将绿色引入日常生活，进而引发了绿色技术与绿色设计的链式反应，发展起防治环境污染、利于资源综合利用和减少资源浪费、利于自然资源生态平衡的技术。可以说，这是一种任务导向型的绿色技术创新。

2. 增强企业的绿色技术自主创新能力。

我国绿色技术开发、技术改造和技术推广的力度不断加大，绿色新技术、新工艺、新产品层出不穷。但总的来说，我国绿色技术开发能力仍然很弱，产品技术含量低。要改变这种状况，必须提高我国企业的自主创新能力，尤其是那些有资金、技术资源优势的大企业，要鼓励它们积极开展绿色技术创新，积极应对当前绿色产业发展的有利局面。对于一些有能力与世界接轨的大型企业来说，企业还必须有超前意识，实行高起点发展战略，满足国际化的要求，把自身的产品打入国际市场，以建立国际性的企业集团为目标，以打入世界市场的中心地带为突破口，集中优势，培育精品。应着力培养创新需要的企业人才队伍，尤其要培养一大批富有创业精神，擅长创新经营的企业家；在有条件的企业间建立技术开发中心，为企业创新提供内部技术来源，大力提高企业自主创新能力；加大企业的技术创新投入，建立多渠道的资金投入体系，使企业筹集到足够多的创新资金，提高创新的整体投资效率。

3. 现代企业微观生态经济管理。

推行现代企业微观生态经济（绿色）管理，是推动企业绿色技术创新的重要途径和对策之一。实践表明，我国微观经济管理薄弱不仅是一系列严重的微观经济宏观生态经济矛盾的原因，也阻碍了绿色技术创新。这要求企业管理体制创新，实施现代企业微观经济管理，建立协调的生态经济管理模式，提高企业综合生态效益，促进企业绿色科技创新。如青岛海尔冰箱有限公司实行 ISO14000 环境管理系列标准，金融部门更新会计方法，将绿色会计延伸到企业的生态经济活动中，使生态环境成本内部化，促使企业继续开发绿色产品，推动企业绿色创新。实行现代企业微观经济管理，要调整和改革内部组织结构和功能，建立专门机构，建立内部生态管理体系，建立自我完善，环境管理自我约束制度，参与企业绿色技术创新决策加强企业绿色科技创新过程中的环境审计。实施现代企业微观经济管理将造成现代企业管理革命，推动企业绿色科技创新，实现中国企业的可持续发展。

三、推进中国绿色制造的战略应对

改革开放以来，中国制造业取得了快速发展，在承接全球产业转移的同时，逐渐成为世界制造大国。随着全球制造业格局的演变，劳动力成本上升，能源供给短缺，环境承载压力逐步加强，种种困境迫使中国制造业的发展理念和发展模式要有所改变。中国制造业必须要走出由依靠要素驱动和以污染环境为代价的发展的困境，转向依靠技术创新与传统产业转型相结合的绿色崛起之路。当前，中国制造业的创新能力与转型升级依然面临着复杂的内外部环境，如何克服这些困难，顺利实现由制造大国向制造强国崛起，成为摆在中国绿色制造发展面前的重大问题。

(一)"一带一路"与《中国制造 2025》产业对接

国务院发布的《中国制造 2025》是我国实施制造强国战略第一个十年的行动纲领,它瞄准新一代信息技术、高端装备、新材料、生物医药等战略重点,引导社会各类资源集聚,推动优势和战略产业快速发展。《中国制造 2025》经李克强总理签批,由国务院于 2015 年 5 月公布,有学者称其为中国版的"工业 4.0"规划。在这一规划当中,提出了"三步走"的强国战略目标,其中第一步就是要迈入世界制造业的强国阵列。目前仍然处在工业化的进程当中,面对来自国外的竞争压力十分巨大,其中制造业中的核心技术及高端装备制造仍然需要国外的技术支撑,仍处在追赶国际先进国家的阶段。因此,我国应该高度重视中国制造业的体系与国外先进技术的高度融合,走出属于自己的特色道路。

"一带一路"(One Belt And One Road,OBAOR;或 One Belt One Road,OBOR;或 Belt And Road,BAR)是"丝绸之路经济带"和"21 世纪海上丝绸之路"的简称。2013 年 9 月和 10 月由中国国家主席习近平分别提出建设"新丝绸之路经济带"和"21 世纪海上丝绸之路"的战略构想。"一带一路"不是一个实体和机制,而是合作发展的理念和倡议,是依靠中国与有关国家既有的双多边机制,借助既有的、行之有效的区域合作平台,旨在借用古代"丝绸之路"的历史符号,高举和平发展的旗帜,主动地发展与沿线国家的经济合作伙伴关系,共同打造政治互信、经济融合、文化包容的利益共同体、命运共同体和责任共同体。

值此"一带一路"蓬勃发展的时期,我们可以将"一带一路"的合作愿景与《中国制造 2025》的产业对接,为中国绿色制造的发展迎来重大机遇。

1. 中国制造业发展"危""机"并存。

制造业是中国经济的重要基石。当前我国经济下行压力加大，面临多重挑战；同时也面临着许多机遇，例如"一带一路"战略，正是顺应全球新一轮产业转移及基础设施建设的大趋势，给中国的制造业发展，特别是绿色制造的崛起带来了重大的战略机遇。

（1）"中国制造"亟待转型升级。制造业涉及国民经济各个行业，是国民经济的支柱性产业和经济增长的发动机，是高技术产业化的基本载体，是吸纳劳动就业的重要途径，是国际贸易的主力军，也是国家安全的重要保障。中国三十多年的工业化进程引人瞩目，"中国制造"已成为中国立足于世界之林的新标签。"一带一路"连通了我国的主要工业基地，这些工业基地的制造业为中国制造的发展做出了突出的贡献，但也面临着结构与技术老化和低碳限排的压力，亟待转型发展。凭借"一带一路"中的产业发展政策，可以把一些过剩产能行业，如钢铁、电气、汽车及设备制造等，向中亚、西亚及东南亚地区输出。同时，运用现代技术改造传统制造业，加大对这些产业的绿色低碳改造资金投入，可以有效地实现沿线省份制造业的绿色发展。当前，中国和全球其他国家一样，正面临新一轮工业革命和技术革命的冲击，存在诸多机遇和挑战。如何加快技术升级、产业升级和全球价值链升级，重塑国家创新系统及创新能力，重构国家竞争优势，成为沿线国家的共同方向。值此背景，中国的企业迫切需要走出国门，通过技术合作、资源共享，为自己、也为"一带一路"沿线国家开辟一条新的通向共同繁荣的新丝绸之路。这同样也是"一带一路"沿线国家的共同心愿。

（2）绿色制造要有"中国标准"。近年来，中国与丝绸之路经济带沿线国家在制造业诸多领域已经有了许多密切的合作。在"一带一路"背景下，中国与周边多个国家在高转速汽车机械、微芯片、钢铁工业、有色金属行业、开采稀土金属、深度转化炼油厂、硅生产、滴灌设备等方面都存在诸多合作，未来也将有越来越多的国家将会选择与中国合作。在此机遇下，中国制造业的绿色发展在"走出去"的过程中也正向服务型、知识型转变。要想提升吸引力，加快中国制造的绿色发展，推进自贸区，集聚代表全球竞争力水平的制造业，"中国制造"仍需要有一套自己的标准。今后行业技术标准工作如何开展，2015年国务院《深化标准化工作改革方案》提出"坚持国际接轨，适合国情"，"提高标准国际化水平"，"创建中国标准品牌"，"以中国标准走出去带动我国产品、技术、装备、服务走出去"。中国绿色制造、产业转型升级要想完全发挥作用，还要走向世界，得到更多国家的认可。中国标准走出去，世界向中国标准看齐、与中国接轨为期不远。制定技术标准的过程是一个复杂的过程，通常需要整个协会甚至全行业的企业陪同参与，在完成标准之后还需要通过标准的申报渠道，因此要积极组织行业内提前做好规划计划，使得技术的标准根据有权威性和可行性，同时还要具有前瞻性和包容性，也不失适用能力。中国制造业在"走出去"的同时，也要保证中国制造业的标准"走出去"，尤其是绿色制造业的标准。这样一来就使得绿色制造相关企业在打造技术精品、建立相关领域的联盟，甚至是获得国内外的资金支持方面都具有一定的领先性，用以推动企业的附加价值。

（3）借力"一带一路"，推动中国制造。制造业合作是一个非常重要的领域，因为"一带一路"沿线国家的工业化水平不尽相同，存在着很大的差异性，而差异性必然产生互补性，并由此激发合作的潜力。随着国家"一带一路"发展战略的实施，中国与周边国家，以及一带一路辐射区国家的合作将进一步扩大和深化，绿色制造推动产业升级，积极参与国际合作以此推动中国制造走向世界。例如通过有色金属产业，中国再生有色金属绿色装备和技术走向世界。随着中欧货运班列提速及重庆渝新欧陆运的发展，再生有色金属产业海外市场的拓展和产业转移也将进一步加快，进而将带动再生有色金属高端技术装备的输出，并将主导国际再生金属高端技术装备市场。此外，在"一带一路"

的战略框架下，中国政府做了一系列工作，加强与相关国家发展规划和发展战略的对接，协商适合各方共同开展的项目。同时，中国还推动成立亚洲基础设施投资银行，并设立丝路基金，使带有中国特色的"投资＋贸易＋技术装备＋工程设计＋工程总包"的海外发展模式得以发展。

绿色制造是制造业转型的主要方向，推动整个制造产业的绿色转型。党的十八届五中全会提出了绿色发展新理念，把绿色发展放在了非常重要的位置。国务院通过的《中国制造2025》战略，把全面推行绿色制造作为实现制造强国战略目标的重要内容，要求加大先进节能环保技术、工艺和装备的研发力度，加快制造业绿色改造升级，努力构建高效、清洁、低碳、循环的绿色制造体系。绿色增长已经成为全球经济竞争的制高点，绿色制造发展将是大势所趋。《中国制造2025》中，"绿色"作为一个关键词出现了46次。全面推行绿色制造，必须聚焦"绿色"主题，按照全生命周期的理念，革新传统设计、制造技术和生产方式，全面实现"绿色化"，加快构建起以"绿色"为特征的制造体系。

绿色升级是中国制造的一大亮点，《中国制造2025》明确提出，加快制造业绿色改造升级；积极推行低碳化、循环化和集约化，提高制造业资源利用效率；强化产品全生命周期绿色管理，努力构建高效、清洁、低碳、循环的绿色制造体系。到2020年，重点行业主要污染物排放强度下降20%。到2025年，制造业绿色发展和主要产品单耗达到世界先进水平，绿色制造体系基本建立。工信部和工程院联合研究显示，我国工业仍是消耗能源资源和产生排放的主要领域，工业能效、水效与发达国家仍有差距。其中钢铁行业国内平均能效水平与国际先进水平相比落后6%～7%，建材落后10%左右，石化化工落后10%～20%。我国万美元工业增加值用水量为569立方米，远高于日本、韩国。

"一带一路"背景下，借助《中国制造2025》的产业发展规划，传统行业将加快绿色改造升级。全面推进钢铁、有色、化工、建材、造纸、印染等传统制造业绿色化改造，加快新一代可循环流程工艺技术研发，大力开发推广具备能源高效利用、污染减量化、废弃物资源化利用和无害化处理等功能的工艺技术，积极采用高效电机、锅炉等先进设备，用高效绿色生产工艺技术装备改造传统制造流程，加快实现重点行业绿色升级。要广泛应用清洁高效铸造、锻压、焊接、表面处理、切削等加工工艺，实现绿色生产；加强绿色产品研发应用，推广轻量化、低功耗、易回收等技术工艺，持续提升电机、锅炉、内燃机及电器等终端用能产品能效水平。

传统产业的转型升级将引领新兴产业，成为绿色发展的高起点。通过"绿色设计、绿色材料、绿色工艺、绿色生产、绿色包装和绿色回收"等技术手段来打造绿色供应链。加快绿色信息通信产业发展，大幅度减少电子信息产品的生产、使用、运行能耗，促进无铅生产工艺，开发新型绿色元器件，有效控制铅、汞、镉和其他有毒有害物质。积极建设绿色数据中心和绿色基站，综合应用节能减排、绿色技术和设备降碳效应，加强可再生能源和分布式能源供应。加快发展新材料，新能源，高端设备，生物工业绿色低碳发展、快速成型、表面工程等绿色材料技术，大力研究开发的高性能，轻质绿色新材料和绿色生物技术，绿色生物制品。加快信息通信技术应用，推进智能电网，智能建筑，多网融合，智能物流等建设，推动节能减碳。

在推进资源高效循环利用方面，传统产业的绿色转型将依靠企业强化技术创新和管理来实现。通过不断提高绿色低碳能源使用比率，开展工业园区和企业分布式绿色智能微电网建设，增强绿色精益制造能力，大幅降低能耗、物耗和水耗，控制和削减化石能源消费量。全面实施循环生产，促进企业、园区、产业之间的共生，原料相互之间的联系，达到共享资源。推进资源循环产业规范化，大规模发展，加强技术装备配套，大力提升工业固体废物、废金属、废旧电子产品等综合利用水平。大力发展再制造业，为航空航天发动机，燃气轮机等大型成套设备和关键部件实施高端再制造，利用信息技术在传统机电产品中实现再制造，对老旧性能、频繁故障、技术落后于机电设备的服务再制造。强化再制造产品的制造，进一步规范再制造产品的生产，引导再制造产品的制造，促进再制造产品的建立，承认国际互认机制，让再制造业持续健康的发展。

最后，"一带一路"在传统产业绿色转型升级的背景下，需要积极构建绿色制造体系。大力扶持企业开发绿色产品，实施生态设计，大力提升节能产品，低碳水平，引导绿色生产和绿色消费。建设绿色工厂，推进重点行业数千个绿色示范工厂建设，实现植物密集，原料无害化，清洁生产，废弃资源，低碳能源，探索工厂绿色模式的再生产。

2. 建立全球产业链体系。

《中国制造2025》是我国在制造行业实施的第一个十年计划，倘若能够抓住"一带一路"这一契机，必定为中国的制造企业，特别是跨国公司的核心竞争力有积极的作用。中国应支持多家跨国公司的发展，通过全球资源利用、业务流程再造、产业链整合、资本市场运作等方式，加快提升核心竞争力。支持企业进行兼并收购和股权投资、风险投资，建立研发中心，生产、试验基地和全球营销服务体系，依托互联网进行网络协同设计，精准营销，增加服务创新，媒体品牌推广，建立全球产业链系统，促进国际管理能力和服务水平的提高。

中国目前是第一制造业大国，"一带一路"战略的实施会为我国制造业相关的企业带来坚实的支撑，并且能够为有条件的地区和企业提供更多的合作机遇。加强政策引导，推动产业合作，从以加工制造环节为主向合作研发、联合设计、市场营销、品牌培育等高端环节延伸，提高国际合作水平、创新加工贸易模式，并延长加工贸易国内增加值链条，从而推动加工贸易转型升级。

　　《中国制造2025》与"一带一路"的对接过程中，首先应该将能源方面的相互连通作为重要的切入点，石油和天然气管道设备是第一个重点领域。"一带一路"能加强能源基础设施的互通合作，共同维护油气运输渠道的安全。随着中国—哈萨克斯坦原油进口管道，中国—巴基斯坦石油管道，中国—土库曼斯坦原油管道的建成，我国与"一带一路"地区的石油和天然气能源合作逐步稳定。中国能源设备行业的这些石油和天然气渠道建设项目提供了很大的发展空间。其次，电力设备和电力工程应是发展合作的重要领域。中国发电设备年产量、电力装机容量，以及火电装机容量、水电装机容量、核电机组容量居世界前列，能够看到，中国已成为电力设备制造业的龙头国家。同时，在电力工程领域，中国大型火电和水电成套设备，专用高压输变电设备引领一系列传动工程系统在国际上达到高水平，这不仅有利于国内电力行业位于制造业前列，同时对"一带一路"基础设施建设也具有非常重要的支撑作用。

　　3. "海、陆、空"装备支撑"一带一路"。

　　交通领域是《中国制造2025》与"一带一路"相互融合的基础性领域，并且开发前景极其宽广，应用的领域也十分广泛。通过"一带一路"战略优先建设领域，尤其是基础设施互连互通、交通基础设施的关键通道、关键节点和重点工程、交通管理设施设备等，中国制造将会"海、陆、空"全方位、立体化地与"一带一路"战略的落地实施无缝对接，也能够促使中国的装备制造"走出去"，走向世界。

　　首先，高铁作为国家运输业的重要动脉，是国家制造业"走出去"的重要途径，应该放在首位考虑。我国轨道交通装备制造业经历六十多年的发展，已经形成了自主研发、配套完整、设备先进、规模经营的集研发、设计、制造、试验和服务于一体的轨道交通装备制造体系。目前，在国家层面的鼓励和支持之下，我国已经与世界很多内陆国家建立了高铁的合作和洽谈。当前，全球正出现以信息网络、智能制造、新能源和新材料为代表的新一轮技术创新浪潮，轨道运输设施的领先将会带来全方面的变革，借助速度快、功率大等系列优势，我国轨道交通装备制造业将快速推进"一带一路"战略的实施。

其次，仍需握紧我国船舶制造业及相关的海洋工程发展壮大。截至目前，国内的造船行业已经居于世界领先地位，尤其是在系列货物运输船、超大型矿砂船、超大型油船等领域造就了独特的品牌效应，同时还具有节能环保等功效，受到了国际市场的青睐。高技术高附值船舶不断取得突破，海工装备发展明显提速，深海装备的设计建造不断取得突破。随着《中国制造2025》的落地实施，我们在高端船舶与海洋工程装备领域将会形成若干自主知识产权的国际知名品牌，逐步掌握核心的设计建造及配套关键技术，总装造船数字化、智能化及绿色化水平将会达到世界前列，这些都为"一带一路"战略的落地实施提供了支撑。

最后，牢牢抓住效率最高的航空运输业、制造业的发展。经过几十年的努力，我国已建立起较为完整的航空技术体系、产品谱系和产业体系，航空系统的制造业的发展速度也逐步稳健。从航空产业角度来看，我国的航空产品研发能力、系统综合集成能力和数字化生产能力快速提升，先进武器装备自主保障能力不断提高，若干具有一定国际竞争力的航空产品和企业正在逐步形成之中，产业规模快速扩张。2017年5月国产大飞机C919的顺利试飞，结束了我国在大飞机领域的空白期，这一领域的技术成熟意味着我国航空制造将会在国际试产中逐步强大，这些都为推动中国在"一带一路"战略实施中尤其在大交通领域的国际合作中奠定基础。

4. 进一步扩大制造业对外开放。

《中国制造2025》与"一带一路"对接，首先，需要继续完善金融部门扶持政策。继续深化金融业改革，通过内部安全贷款、外汇、人民币贷款、股权融资租赁方式和债务融资等措施，推动制造企业技术研发、基础建设，并支持企业的外出口贸易。要进一步扩大制造业对外界的需求，加强外商投资立法，加强制造企业走出去的法律保护，规范企业外的经营行为，维护企业合法权益出走。支持制造业企业参与海外投资并购，支持高铁、电力装备、汽车、工程施工等装备和优势产能"走出去"。建立制造业对外投资公开服务平台和出口产品技术性贸易服务平台，完善应对贸易摩擦和境外投资重大事项的协调机制和预警机制，为制造业企业营造规范、便利、安全的海外投资环境。

（二）"互联网"助力中国制造迈向中高端

1. "中国制造＋互联网"促进制造业供给侧结构性改革。

目前，我国正处于社会转型升级和改革的攻坚时期，利用"中国制造＋互联网"相结合的方式，有助于促进国家的供给侧结构性改革，加快我国制造业的转型升级，为我国的制造业产业提供了新的发展方向。深入推进"中国制造＋互联网"，建设若干国家级制造业创新平台，实施一批智能制造示范项目，启动工业强基、绿色制造、高端装备等重大工程。落实加速折旧政策，组织实施重大技术改造升级工程。"云""网""端"已经成为制造业新的数据和交流平台，制造业的各要素都可以通过互联网平台共享和交流。例如，福州正在开展的"互联网＋工业"行动就是"中国制造＋互联网"的典型案例。福州目前拥有 5 个千亿元级别的产业集群，包括纺织化纤、轻工食品、机械制造、冶金建材、电子信息，现在政府要做的是，鼓励这些企业把互联网思维融入技术创新、管理创新、商业模式创新，如在企业融资、营销、生产设备升级等方面，引导企业借助互联网和高科技的力量，提升智能化水平。

随着互联网技术的迅速发展，"互联网＋制造"模式成为一种新的制造业生产方式，消费者可以按照自己的意向来设计商品，小到马克杯、衣服，大到家电产品等都可以进行个性化设计。为了顺应"互联网＋制造"的趋势，海尔集团建成七个互联工厂作为样板，使全球用户能够随时、随地，通过移动终端定制个性化产品，并通过定制过程中的全流程可视化操作实现最佳用户体验。在人人互联的时代，实现效率之上的高精准，及时满足用户个性化定制需求才是时代的大势所趋，我国的制造业也一定要抓住这个机遇，进行转型升级。

2. "中国制造＋互联网"发展势在必行。

2015 年 12 月 17 日，"中国制造千人会 2016 暨第二届'互联网＋'制造高峰论坛"在上海举行，论坛发布了中国第一版的《中国工业 4.0 进程报告》。《中国工业 4.0 进程报告》第一次向我们全面展示了我国制造业的发展现状、存在问题、发展机遇等，对我国制造业的转型升级进行了一次宏观上的描述。本次调研耗时接近 100 天，调研范围广，包括了"北上广"等 12 个制造业发达省市的 22 个制造业领域。

报告显示，超过一半的企业已经对工业 4.0 的整体概念有了一个较为全面的认识，有超过 75% 的企业开始或准备开始工业 4.0 的投入。其中，已经开始投入到工业 4.0 变革的企业占 43.92%，未来三年内开始投入的企业占 32.43%，显示出中国企业在工业 4.0 上的积极性。报告还认为，在工业 4.0 最为关键的大数据、数字化、物联网、云制造等方面投入的企业仍相对较少。人才与研发创新能力的不足，以及标准化的缺失，是实施中国工业 4.0 进程的一大阻力。2016 年 2 月 1 日，"工业互联网产业联盟"成立大会在北京举行，工业和信息化部直属中国信息通信研究院、中国电信、阿里巴巴、华为、大唐等 143 家企业，在北京组建"工业互联网产业联盟"，旨在年内聚焦共性技术研发、行业标准、安全体系等关键领域并获得突破，以此促进互联网带动工业创新、提质增效，为我国工业抢占全球产业变革打下基础。总之，中国制造只有和"互联网"深度融合，实现新旧动能转换，前景才能光明而远大。我们要继续加强国际创新协作，推动《中国制造 2025》与"德国工业 4.0"的紧密合作，在"十三五"时期这个黄金发展阶段，将制造强国和网络强国战略相互促进、共同实施。让中国制造业插上翅膀迈向中高端，在大众创业、万众创新的浪潮中，实现中国的强国梦。

（三）"双创"推进中国制造提质增效

1. "双创"是制造业提质增效升级的强大动力。

目前，中国经济发展进入一个新的新常态，制造业依靠大规模投资，投资低成本要素和出口驱动的传统模式一直难以维持，要加快新老变革，努力奋斗向前迈进到高端水平。"双创"改革了制造业创新，在提高有效投资，创造有效供应和主导消费需求，推动制造业更多依赖创新驱动型发展和变革方面发挥了积极作用。

"双创"能够挖掘传统制造业的发展潜力。与欧美发达国家相比，中国制造业仍处于价值链低端，传统制造业库存量巨大，转型升级难度增加。然而，通过"双创"新技术、新管理、新模式，传统制造业正在加快优化升级步伐。以消费者需求为核心的"互联网+"，将会改变传统制造业的生产理念，迫使传统制造企业瞄准市场加快创新。部分企业通过组织结构和管理机制创新，加快了平台化创新组织转型，大力发挥企业内部创新活力，诞生了大量新技术、新产品、新格局和新产品楷模。一些企业跨域，协同网络创新平台，更方便地获取和利用外部创新资源，有效地提升了企业的设计、制造、管理和服务水平。"双创"还推动传统制造企业运营模式变革，"设计+用户""制造+电商""营销+社交"等新模式不断涌现，加速了制造业向研发设计、增值服务等价值链高端环节延伸。

"双创"加快了先进制造业的发展步伐。先进制造业是制造业创新发展的重点，是培育新兴产业的重要动力。"双创"改变了全球资源整合的产业路径逐步升级，实现高端接入，提供了难得的机遇。在"双创"过程中，一批全球跨行业的开放创业平台蓬勃发展，通过协同设计、创新联盟，有效地收集各类企业、研究机构、专业人士和风险投资等创新资源，共同研究并加快突破一批重点技术，在高起点推动先进制造业发展。"双创"加速了产业技术与信息技术跨行业的深度整合，诞生了云计算制造、无人工厂、大型定制等新型制造模式，推动了制造业开放智能化进程。"双创"也推动了国家实验室、工程技术中心等大型科研设施的开放使用，降低了新技术研发新产品的成本，推动新材料、高端设备、生物医药等战略性新兴产业创新发展形成了新的增长点。

"双创"推动制造业生产以服务为导向的变革。适应制造业和服务业整合趋势，从生产到生产的服务型转型是升级制造转型的重要途径。"双创"激励制造企业进行管理创新、模式创新和格式创新，并开拓个性化定制、生命周期管理、远程维护服务，继续扩大着产业链。技术研发、设计，大型设备融资租赁，行业电子商务和专业物流服务，正在成为新的业务利润点和转型方向。一些大型制造企业通过"双创"加快制造业、提供系统集成和服务的整体转型，显著提高了企业的经济效益和管理水平。在服务型制造催生的同时，"双创"还通过信息流动、技术流动、资金流动和物流整合，大幅度地降低了制造企业服务转型的成本，促进了制造业和服务业发展的加快整合，质量和效益的发展。

2. 让"双创"真正成为制造强国建设新动能。

我国正处在"十三五"期间的重要时刻，是国民经济提升质量，进行有效升级的关键时期，这就要求我国的制造业从新出发，调整产业结构，转变增长方式，一方面实现换挡不失速；另一方面也要实现量增质更优，为实现全面小康打下坚实的经济基础。"双创"在我国制造业中担任着重要的角色，同时面临着许多方面的约束，例如，现行体制机制约束、资金调度不足、人才流动缓慢等现实束缚都有待优化。要把企业放在"双创"工作的重心，让企业的创新成为我国制造业发展的新动能，这就要求我国政府做好相关的政策扶持及企业发展环境的改善，切实采取相关有力的措施，将创业创新的引擎发动起来。

进一步优化体制改革，加强资本、信息等企业生存重要因素的重新调整，有利于进一步激发企业活力。推动大众创业、万众创新，根本目的在于重新调整市场结构，重新挖掘市场活力，把人才的创新能力重新挖掘，这就需要一系列的相关制度和政策为其保驾护航。同时，还要简化政府职能，简化行政审批制度，完善负面清单模式，切实为新技术和新产品进入市场扫清障碍，从而缓解企业压力，减轻企业创新成本，让更多的经济领域成为创业的主攻方向，要切实推进重要领域和关键环节改革，促进优质资源从过剩、低效领域向稀缺、高效领域转移，重点提升金融支持实体经济的质量和实效，培育壮大创业投资和资本市场，引导社会资本向制造业会聚，为企业"双创"提供稳定的支持和良好预期。并且要重新梳理和研究现有的社会政策对企业的影响能力，现行的监管力度是否阻碍企业的发展，对于时间久远的，不适应现行行情的政策要及时清理，确保新出台的相关制度能够切实有效地帮助新兴企业的发展。

《中国制造 2025》的提出，是对我国制造业现有弊病的一次改造，积极提倡"双创"优化国内现有的存量，并为催生增量提供动力，强调创新在我国制造业中的积极作用。特别是在国家重点战略方针方面，也要重视"双创"在核心技术创新和科学成果转换中的主干力量，尤其是在主要的环节和特殊领域的创新作用。也要充分重视国际市场机制和全球的创新资源，充分利用国内产业联盟和创业平台的积极作用，在重点技术领域要做到有的放矢。要围绕质量提升、节能降耗、安全生产等传统领域改造，加快推进技术、工艺、装备和生产组织模式创新，推动传统产业数字化、网络化、智能化转型。要在智能制造、绿色制造等工程中开展"双创"专项行动，加快培育新型生产方式和产业模式，全面提升企业研发、设计、生产、管理和服务协同能力及智能化水平，加快培育新产品新业态，打造新的经济增长点。

要重视"双创"在企业创新中的重要作用和主体地位，从而逐渐成立一批具有自由创新能力的创新性制造企业，改变原有的创新决策和阻止模式，让市场的自主选择机制逐渐成形，也要重视在技术创新过程中的风险分担、利益支配机制，切实将企业和企业家在整个创新过程中，尤其是技术创新和成果转换中的主体作用得到发挥。也要建立起良好的交流平台，使得企业之间的对话常态化，让企业做到有助可求，有问必答的效果，并且在整个行业的制度及政策的建立过程中能够积极听取不同规模、不同所有制企业的意见，让国家的相关政策切实考虑到企业的自身利益，有利于企业的发展。同时，要重视大企业在"双创"中的积极作用，支持建立起各种技术分享平台，信息共享平台，并且做到以大代小的分工机制，具体形式可以是专业分工、服务外包、订单分配等多种有效形式，从而形成协同创新、合作共赢的产业生态链，改变企业原有的单打独斗状态，逐渐形成整条产业链协同发展、共同创新。要完善中小企业创新服务体系，大力扶持创业孵化、系统集成、知识产权及第三方检验检测认证等专业服务发展，鼓励企业用好互联网基础设施和创新要素，不断降低中小企业创新门槛和成本，发现和培育一批隐形科技冠军和"小巨人"企业。

进一步优化政府的服务机制，提高政府的服务精准度，搭建更加便捷和舒缓的创业创新平台，让政府真正成为"双创"的服务工作者，这就要求强化政府的服务职能，为"双创"提供良好的社会环境和政策支撑。着力解决创新产品进入市场的"最后一千米"问题，针对不同的行业特点和业务需求，研究开发精心的创新支持政策，提高不同政策措施的协同效应。加强对产品质量市场的监督，提高假冒伪劣产品的非法成本，促进优胜劣汰。依法对知识产权侵权行为进行调查处理，有效保护企业合理创新能力，正确利用各类政府资源搭建跨部门平台，跨部门的业务交流与合作，促进创新企业和合资企业的整合。努力解决企业创新中的人才短缺问题，通过引进人才、奖励各种形式的创新成果，积极促进技术发明的成果纳入经济活动中，形成商品并打开市场。重视培养高技能人才、提升人才资源管理能力，让人才规模、素质和结构与制造业的发展程度相配套。

结　　语

　　制造业是一个国家国民经济物质基础和产业主体的重要支撑，是经济发展重要动力来源，同时也是国家安全的重要保障，制造业的发达程度体现着科学和技术的综合实力，也能透视出国民经济水平和综合国力水平。因此，无论是发达国家还是发展中国家，制造业始终是国民经济的战略组成。2010 年，我国制造业的产出占世界总产出的 19.8%，一跃成为全球制造业第一大国，国家推行的大量激励政策促进了我国制造业的迅速成长，部分基础研究和重要领域的核心技术方面也取得了突破式进展，攻克了一批依赖进口，从而长期制约我国产业安全的重要高端设备，也成功组建起以高校为中心的国家级别研发基地并培养了一批高技术人才。

　　然而，我国制造业"大而不强"，人均规模尚不及美国、日本、德国等制造业强国的 1/3，综合技术水平落后、创新能力不足、国家产能过剩，以及自然资源利用率低和制造利润走低、制造附加环节过时等重要问题仍是我国制造业亟须突破的屏障。中国经济进入了一个增长速度换档期、结构调整阵痛期和前期刺激政策消化期"三期叠加"的"新常态"阶段。我国未来时期的工作重心将调整到经济结构的优化和产业结构的升级，原先经济的高速增长调整为保质保量的中高速增长，经济发展方向变为消费驱动与创新驱动。在这种强压之下，要实现社会的可持续发展，就必须推行绿色制造。

　　应该看到，绿色制造是一个综合考虑环境影响和资源利用效率的现代制造模式，其目标是使产品从设计、制造、包装、运输、使用到报废处理的整个产品生命周期中，对环境的影响最小，资源利用率最高。绿色制造是可持续发展战略在制造业中的体现，或者说绿色制造是现代制造业的可持续发展模式。绿色制造涉及产品的整个生命周期，对制造环境和制造过程而言，绿色制造主要涉及资源的优化利用、清洁生产和废弃物的最少化及综合利用，全面开展智能制造技术研究是发展高端装备制造业的核心内容和促进我国从制造大国向制造强国转变的必然。

绿色制造也可以被看作是制造理念的转变，同时继承了传统制造业的优势部分，也将最新的科学、技术，以及工艺和理念融合在一起，从而从制造"经验"走向制造"精细"。这一过程的实现需要数字化、信息化和智能化同时起效，才能实现信息时代下的智能制造，提升制造的加工精细度、生产效率、材料使用率甚至是故障的自我诊断和智能维护，一改传统制造行业下的制造理念。因此，绿色制造能够有效的利用资源，在节约资源同时最大限度的保护资源，是解决当下自然资源紧缺的有效途径，也是实现可持续发展的最重要途径。绿色制造在国家"双创"政策以及"互联网＋"两大羽翼的主力之下，必定实现高速成长。时下，"一带一路"发展战略的提出也对我国制造业提出了新的要求，绿色制造助力"一带一路"有利于我国与沿线国家的经济合作、政治互信、经济融合和文化包容，建立起命运共同体和责任共同体。

也应看到，绿色制造将成为未来机械制造行业的主要生产模式，对绿色技术的控制也将成为机械制造企业获得市场的重要途径。在将来的市场发展过程中，谁能率先推进绿色发展，谁就能够引导市场的发展，实现经济效益与环境效益的不断提高。综合考虑环境影响和资源效率，推行绿色制造技术、走绿色发展的道路，已成为现代化工发展的必由之路。过去 30 多年，中国经济取得了巨大的成就，成为世界的第二大经济体和"世界工厂"。而当代中国，更应把握产业转型的绿色化趋势，实现从"制造大国"到"制造强国"的跃迁。

参 考 文 献

1. 布莱恩·阿瑟著，曹东溟、王健译：《技术的本质》，浙江人民出版社 2014 年版。

2. 郭艳华：《走向绿色文明》，中国社会科学出版社 2004 年版。

3. 国家制造强国战略咨询委员会：《绿色制造》，中国工信出版集团 2016 年版。

4. 国家制造强国战略咨询委员会：《〈中国制造 2025〉解读——省部级干部专题研讨班报告集》，中国工信出版集团 2016 年版。

5. 胡鞍钢：《中国创新绿色发展》，中国人民大学出版社 2012 年版。

6. 金碚：《中国制造 2025》，中信出版集团 2015 年版。

7. 刘飞、曹华军、张华等：《绿色制造的理论与技术》，科学出版社 2005 年版。

8. 刘飞、张晓冬、杨丹：《制造系统工程》，国防工业出版社 2000 年版。

9. 刘光复：《绿色设计与绿色制造》，机械出版社 2000 年版。

10. 罗尔斯顿著，杨通进译：《环境伦理学》，中国社会科学出版社 2000 年版。

11. ［英］马库斯·菲尔斯著，滕学荣译：《绿色设计：21 世纪的创造性可持续设计》，中国建筑工业出版社 2016 年版。

12. 曲格平：《中国的环境与发展》，中国环境科学出版社

1992 年版。

13. ［法］托马斯·皮凯蒂著，巴曙松等译：《21 世纪资本论》，中信出版社 2014 年版。

14. 王松霈：《走向二十一世纪的管理：生态经济管理》，中国环境科学出版社 1997 年版。

15. 吴澄：《现代集成制造系统导论——概念、方法、技术和应用》，清华大学出版社 2002 年版。

16. 奚道云：《中国装备绿色制造标准化探索与实践》，中国标准出版社 2016 年版。

17. 肖显静：《后现代生态科技观》，科学出版社 2003 年版。

18. ［美］熊彼特著，杜贞旭等译：《经济发展理论》，中国商业出版社 2009 年版。

19. 徐滨士等：《再制造与循环经济》，科学出版社 2007 年版。

20. ［英］亚当·斯密著，郭大力、王亚南译：《国富论》，译林出版社 2011 年版。

21. 杨通进：《环境伦理：全球话语中国视野》，重庆出版社 2007 年版。

22. 于秀娟：《工业与生态》，化学工业出版社 2003 年版。

23. 张成岗：《现代技术问题研究——技术、现代性与人类未来》，清华大学出版社 2005 年版。

24. 张春霞：《绿色经济发展研究》，中国林业出版社 2002 年版。

25. 张进蒙：《马克思恩格斯生态哲学思想论纲》，中国社会科学出版社 2014 年版。

26. 张维迎：《博弈论与信息经济学》，上海人民出版社 1998 年版。

27. 中共中央马克思恩格斯列宁斯大林著作编译局：《马克思恩格斯全集》（第 42 卷），人民出版社 2016 年版。

28. 朱庆华：《绿色供应链管理》，化学工业出版社 2004 年版。

29. 郝晓艳、吴学花：《绿色制造模式在我国制造业转型升级中的研究与探索》，载于《价值工程》2016 年。

30. 李博洋：《绿色制造是全球共同选择》，载于《装备制造》2016 年

31. 李洪伟：《绿色产品开发的关键因素》，载于《生态经济》2006 年第 3 期。

32. 李京文、黄鲁成：《关于我国制造业创新战略的思考》，载于《中国软科学》2003 年。

33. 李伍荣、胡德宝：《消费品市场信用缺失的博弈分析》，载于《中国发展》2005 年第 4 期。

34. 林汉川、魏中奇：《美、日、欧盟等中小企业最新界定标准及其启示》，载于《管理世界》2002 年。

35. 刘战伟：《我国绿色消费存在的问题及营销对策》，载于《改革与战略》2009 年。

36. 刘志龙、陈鹏、籍莉：《我国中小企业现状与分析》，载于《企业发展》2010 年。

37. 路甬祥：《走向绿色和智能制造（三）中国制造发展之路》，载于《电气制造》2010 年。

38. 吕薇：《营造有利于绿色发展的体制机制和政策环境》，载于《经济横》2016 年。

39. 孟祺：《基于"一带一路"的制造业全球价值链构建》，载于《财经科学》2016 年。

40. 彭十一：《我国中小企业界定标准的历史回顾及评价》，载于《商业时代》2009 年。

41. 秦书生：《生态技术的哲学思考》，载于《科学技术与辩证法》2006 年。

42. 苏畅：《高新技术在装备制造业向智能工厂转型中的应用》，载于《科技经济导刊》2016 年。

43. 陶永、李秋实、赵罡：《面向产品全生命周期的绿色制

造策略》，载于《中国科技论坛》2016 年。

44. 王皓：《我国汽车制造业实施绿色制造战略探讨》，载于《装备制造技术》2009 年。

45. 徐滨士、朱胜、史佩京：《绿色再制造技术的创新发展》，载于《焊接技术》2016 年。

46. 杨勇华：《技术创新扩散"适应性学习"演化机制研究——兼论技术引进与自主创新的关系》，载于《现代经济探讨》2010 年。

47. 杨玉东：《如何运用虚拟情境问题设计专题调查问卷》，载于《上海教育科研》2010 年。

48. 余珮、王俊杰：《新常态下中国制造业可持续性发展路径研究——基于"全球工厂"的视角》，载于《当代财经》2015 年。

49. 张明志、余东华：《新工业革命背景下"中国制造 2025"碳减排路径和产业选择》，载于《现代经济探讨》2016 年。

50. 张叶：《绿色经济问题初探》，载于《经济研究参考》2002 年。